# 아동과학지도

박정민

창지사

# 머리말

현대 사회는 수없이 많은 과학적 발전의 결과물을 이용하여 인간 생활의 어려움을 해결하고 있으며, 그에 따른 편리함을 누리고 있다. 과학 발전의 속도는 점점 더 빨라지고 있으며, 이제 인류는 과학의 생활화 시대를 맞이하여 빠르게 변화하는 과학적 지식과 기술을 이용하는 생활에 적응하고 있다. 가전제품을 예로 들면, 하나의 제품을 구입해 새로운 기능을 다 익혀 사용하기도 전에, 새로운 기능이 추가된 신제품이 출시되는 시대이다. 우리는 과학 발전의 결과물을 누리고 더 잘 사용하기 위해서 부지런히 새로운 내용과 기능을 익히고 있다.

현재의 시점에서는 지금의 아동이 성인이 되어 맞이하는 미래의 삶에서 과학의 발전으로 무엇을 할 수 있을지, 과학적 탐구의 결과물이 인간의 생활을 어떻게 바꾸어 놓을지 등을 상상하기 어렵다. 그러므로 놀라울 정도로 과학이 발전할 미래를 살아가야 하는 아동들에게 유아기부터 과학적 활동 경험의 기회를 제공하고, 과학을 즐기고 바르게 탐구하는 태도를 형성시킴으로써 앞으로의 삶을 대비하게 하는 것은 매우 필요하고 중요한 일이다.

이 책은 미래의 삶을 살아갈 어린 영유아들에게 발달에 적합하고 재미있는 과학 활동을 제시해 줄 수 있는 유능한 유아 교사를 길러내기 위해 계획되었다.

1부의 1장에서는 아동과학지도의 필요성과 정의를 소개하였고, 2장에서는 아동과학지도 관련 제이론을 소개하였다. 3, 4장에서는 아동과학지도의 목표와 내용, 국가수준의 아동과학지도의 교육 내용을 설명하였다. 5장에서는 아동과학지도의 교수 방법을 자세히 소개하였고, 6장에서는 아동과학지도의 평가에 대한 내용을 다루었다.

2부에서는 교사가 영유아와 실행할 수 있는 아동과학지도 활동의 실제를 소개하였다. 특히 과학 주제별로 창의적인 활동을 다양하게 소개하였으며, 실물이나 도구를 통해서 배우는 영유아의 특성을 고려해 과학 활동 전개 시 유아의 직접적인 참여를 통한 과학적 탐구가 이루어질 수 있도록 실제 활동 내용을 제시하였다.

비록 부족한 내용이지만 이 책이 아동과학 활동을 즐겁고 유익하게 전개하고자 하는 유아 교사들의 교수 능력 신장에 도움이 되길 바란다.

예쁜 사진의 사용을 허락해 준 별마루어린이집, 토평마을어린이집, 상아어린이집 유아들에게 감사드린다. 또한 이 책을 출판하여 주신 창지사 사장님께 감사드리며, 훌륭한 편집을 해 주신 편집부의 노고에도 깊이 감사드린다.

2018년 10월

저자 박정민

# 차 례

# 1부
# 아동과학지도의 기초

# 1장 아동과학지도의 필요성과 정의

## 1. 아동과학지도[1]의 필요성

현대 사회는 과학의 시대이다. 인간의 삶에 영향을 주는 요소들 중 과학 분야의 요소들이 가장 빠르게 변화하고 발전하여 커다란 영향을 끼치고 있다.

과거에는 상상할 수도 없고, 일어날 수도 없던 일들이 인간의 생활에서 일어나고 있다. 생활에 필요한 모든 것이 자동화·기계화되어 생활을 편리하게 하고 있다. 인간은 점점 더 인간에게 필요한 것을 인간의 노동이 필요 없도록 과학적 성취물과 기계를 이용하여 생산하는 기술을 발전시키고 있다.

미래의 가정에는 부엌이 사라질 것으로 전망한다. 모든 필요한 음식이 기계에

---

1) 본 책에서 '지도', '교육' 용어를 동의어로 혼용한다.

의해 공장에서 조리되고 배달될 것으로 예측한다. 미래의 자동차는 자동차 스스로 길을 찾아 안전하게 운행하고 도착할 것으로 전망한다. 인터넷을 통한 도로 상황에 대한 인식 기능이 좋아져 자동차가 스스로 목적지로 이동할 최적의 방법을 검색하여 이동하고 도착할 것이다. 미래의 농업, 축산업은 공장형 농업 체제를 갖출 것으로 전망한다. 모든 필요한 농산물, 축산물들은 기계에 의해 공장에서 생산되어 인간에게 배달될 것으로 예측한다.

또한 미래의 교육은 학교라는 공간적 제약에서 벗어나서 컴퓨터와 인터넷을 이용한 사이버 수업으로, 사이버 교사가 가르치고 어느 곳에서나 배우는 교육 환경으로 변화될 것으로 예측한다.

이런 수없이 많은 과학적 발전의 결과물들이 인간의 생활 환경을 변화시키고 있다. 이제 인류는 과학의 생활화 시대를 맞이하여, 빠르게 변화하는 과학적 지식과 기술을 이용하는 생활에 적응하고 있다. 가전제품을 예로 들면, 하나의 제품 기능을 다 익혀 사용하기도 전에, 새로운 기능이 추가된 신제품이 출시되는 시대이다.

지금의 아동이 성인이 되어 맞이하는 미래의 삶에서 과학의 발전으로 무엇을 할 수 있고, 과학적 탐구의 결과물이 인간의 생활을 어떻게 바꾸어 놓을지를 현재 시점에서는 상상하기 어렵다.

그러므로 아동과학교육은 지금의 성인이 예측할 수 없는 과학 발전의 미래를 살아갈 아동들에게 반드시 필요한 것이다. 유아기부터 과학적 활동 경험의 기회를 제공하여 과학에 대한 바른 태도를 형성하고, 앞으로의 삶을 대비할 수 있도록 해야한다.

## 2. 아동과학지도의 정의와 중요성

이순형 등(2010)에서는 '과학교육은 과학적 역량의 증진을 목표로 하는 활동이다. 과학적 역량이란 과학적 개념과 과정에 대한 지식과 이해를 바탕으로 개별적 의사 결정, 문화적 참여, 경제적 생산을 할 수 있는 능력을 의미한다.'라고 설명하였다.

아동과학교육은 유아들에게 지식을 흡수하고 통합하는데 필요한 관찰, 추론, 분류, 비교와 같은 활동을 제공하여 유아가 새로운 개념을 이해하는데 도움을 준다. 또 아동들은 생득적으로 주위 환경 등 모든 것에 호기심을 가지고 있으므로 호기심으로 인한 능동적 탐색의 경험을 제공하여 스스로 문제를 발의하고 해결하는 능력을 길러 준다.

또 아동과학교육은 유아로 하여금 새로운 사실과 정보를 학습하는데 도움이 되며, 시간과 사물에 대해 유아가 갖는 다양한 호기심의 욕구를 충족시켜 주고, 다양한 분야의 지식을 얻게 하며, 과정을 즐길 수 있도록 해 주기 때문에 유아에게 가치가 있다(김현경 외, 2014).

박정민, 유연화(1999)에서는 '아동과학교육은 아동에게 세상에서 일어나는 자연 현상과 물리적 세계의 법칙을 끊임없이 탐구할 수 있는 과학적 태도의 형성을 돕기 위해, 과학적 경험을 제공하여 올바른 과학적 태도를 형성하도록 지도하는 것이다.'라고 설명하였다.

그러므로 아동과학교육의 정의는 아동에게 과학적 경험을 제공하여, 아동 스스로 문제를 발견하고 해결하는 과정을 즐길 수 있도록 올바른 과학적 탐구 역량을 증진시키고자 하는 것이다.

이민정 등(2012)에서는 '유아를 위한 과학교육은 유아의 타고난 호기심을 활발히 유지하도록 돕고, 호기심을 해결하기 위해 다양한 방법으로 탐구하려는 것을 격려해 주고 유아가 자신이 살고 있는 세계에 대해 즐겁게 배울 수 있는 기회를 제공하는 것이다.'라고 하면서 아동과학교육의 중요성을 강조하였다.

황의명 등(2001)에서는 아동과학교육의 중요성을 다음과 같이 설명하였다.

첫째, 유아들은 본성적으로 과학적 자아를 갖고 있으며, 적절한 과학적 경험을 통해서 이를 유지하고 증진시킬 수 있으므로 유아과학교육이 중요하다.

둘째, 과학적 탐구 과정을 통해 주변 세계에 대한 이해와 과학 기술 중심의 사회에서 요구되는 과학적 문제 해결력과 의사 결정 능력을 기를 수 있으므로 유아과학교육이 중요하다.

셋째, 과학에 대한 긍정적 태도는 상당히 어린 시기에 형성되므로 유아과학교육이 중요하다.

넷째, 과학적 탐구 과정을 통해 유아들이 자신의 경험과 습득한 정보를 연관짓고 조직하고 자신의 아이디어를 검증할 수 있는 능력을 기를 수 있으므로 유아과학교육이 중요하다.

2장

# 아동과학지도 관련 발달이론

## 1. 피아제(Piaget)의 인지발달이론

Piaget는 인간의 사고발달을 네 단계로 구분하여 설명하였다. 유아과학교육을 실시할 때, 각 유아의 사고 수준에 알맞은 과학적 지식과 경험의 제시를 위해 유아의 발달에 대한 이해가 필요하다. Piaget의 인지발달의 단계를 자세히 살펴보면 다음과 같다(박정민, 유연화, 1999, 재정리).

### 1) 감각운동기(sensori motor period)

이 시기는 출생에서 약 2세까지를 말한다. Piaget는 이 감각운동기를 여섯 단계로 다음과 같이 설명하고 있다.

### (1) 제1단계 : 반사적 조작(출생~1개월)

- 빨기, 잡기, 울기, 삼키기와 같은 반사적 행동을 말한다.
- 반사는 경험의 결과로 수정되고 더 효율적으로 발달한다.
- 반사 도식은 환경에 적응한다.
- 욕구 불만을 참지 않거나 욕구 충족을 늦춘다.

### (2) 제2단계 : 1차 순환반응(1~4개월)

- 획득한 것에 적응이 이루어진다.
- 반사적 운동은 점차 자의적 운동으로 대치된다.
- 인과 관계를 이해하기 시작한다.
- 순환반응은 기존의 도식을 수정하는 것이다.

### (3) 제3단계 : 2차 순환반응(4~8개월)

- 사물과 사람에 대한 반응이 증가한다.
- 의도적인 활동이 증가한다.
- 대상영속성이 시작된다.

### (4) 제4단계 : 도식의 협응(8~12개월)

- 사람과 사물이 반응할 때 신중하고 목적이 뚜렷하게 나타난다.
- 지능의 발달이 처음으로 분명하게 나타난다.
- 대상영속성이 계속 발달한다.
- 감춰진 물건을 적극적으로 찾는다.
- 간단한 단어의 의미를 이해한다.

### (5) 제5단계 : 3차 순환반응(12~18개월)

- 능동적인 실험이 시작된다.
- 걸음마 어린이는 '작은 과학자'가 된다.
- 자신과 사물을 구별한다.
- 처음에 숨긴 장소에서 숨겨진 물건을 찾는다.
- 공간, 시간에 대한 이해 및 공간과 시간의 인과 관계를 이해하기 시작한다.

### (6) 제6단계 : 사고의 시작(18~24개월)

- 행동 이전에 사고함으로써 정신적인 조화를 이룬다.
- 원인-결과의 관계가 발달한다.
- 정신적으로 사물을 표상하기 시작한다.
- 점차 상징적 모방 행위를 한다.
- 시간에 대한 감지를 시작한다.
- 보이지 않는 배치에 관계치 않고 대상영속성을 인식한다.
- 여러 장소에서 물체를 찾는다.
- 사고와 행위에 있어서 자아 중심적이다.

## 2) 전조작기(preoperation period)

감각운동기의 마지막에 이르면, 유아는 효과적으로 그리고 체계적으로 주위의 직접적인 환경에 적응할 수 있게 된다. 이 시기 초기에는 아직도 감각운동적 적응 형태가 많이 남아 있으나, 이런 감각운동적 적응은 2세가 넘으면서 중요한 변화가 나타난다. 그러면서 유아는 전조작기에 접어들게 된다.

이 시기는 2세부터 4, 5세까지에 해당된다. 이때를 전조작기라 부르는 이유는 어린이가 정신적 표상에 의한 사고가 가능하기는 하나, 아직 개념적 조작 능력이 충분히 발달하지 못했기 때문이다. 이 시기에 이르면 눈에 보이지 않는 사물이나 행동을 표상하기 시작한다.

### (1) 상징적 활동의 증가

이 시기의 어린이 놀이에는 비언어적인 상징 행동이 많이 나타난다. 예를 들면, 여아들은 베개를 아기처럼 업고 다니기도 하고, 팔에 안고 토닥토닥 두드리면서 아기를 잠재우는 시늉을 한다. 남아는 막대를 가지고 총처럼 메고 다니기도 하고, 땅땅 소리를 내면서 총 쏘는 흉내를 내기도 한다. 감각운동기 마지막 단계에서는 이러한 가상적 놀이가 시작되는데, 이것은 몇 해 동안 지속된다.

### (2) 직관적 판단

어린이들은 논리에 의존하기보다는 직관적인 지각에 의해 좌우되기 때문에 보존 개념을 이해하지 못한다. 보존에는 수, 길이, 양, 무게, 부피의 보존이 있다. 유아는 한번에 한 가지 차원에만 집중할 수 있기 때문에, 사물이나 수량은 외형이 변해도 양은 일정하다는 것을 이해하는 능력이 결여되어 있다. 보존은 한번에 두 가지 혹은 두 가지 이상의 차원을 함께 고려할 수 있어야 가능하므로 전조작기와 구체적 조작기의 특징이 바로 이것에 의존한다.

### (3) 자아 중심성

자아 중심성이란 유아가 자신의 조망과 타인의 조망을 구별하지 못하는 것을 의미한다. 자아 중심성에 관한 Piaget의 연구 중 가장 널리 인용되는 것은 유아의 공간 조망(spatial perspective taking)에 관한 것이다. 이 연구에서는 어린이 앞에 모양이 각기 다른 세 개의 산을 왼쪽, 가운데, 오른쪽에 배열해 놓고, 어린이를 탁자의 한쪽 편에 앉게 하고, 그와 반대편에 산의 배치 모형을 보고 있는 인형을 놓고서 피험자인 어린이와 인형을 서로 마주 보게끔 앉혔다. 그런 후에 어린이 자신이 보는 것(산의 배치도)과 인형이 보는 것이 같은가를 물어 보았다. 전조작기에 있는 어린이들은 자기가 앉아 있는 곳에서 보는 것과 인형의 자리에서 보는 것이 다르다는 것을 이해하지 못하므로 자기에게 보이는 대로 산의 배치를 이야기한다.

### (4) 물활론적 사고(animism thinking)

4~6세 사이의 유아들은 활동하는 것은 모두 살아 있는 것으로 여긴다. 예를 들면, 태양이 살아 있느냐고 물으면 태양은 빛을 발하기 때문에 '살아 있다.'라고 대답한다. 그러나 산은 아무 것도 하지 않으므로 '죽어 있다.'라고 말한다.

그러나 6~8세 사이의 유아들은 움직이는 것들에 한해 생명을 부여한다. 그리하여 탁자와 꽃은 움직이지 않으므로 죽은 것이고, 자전거, 돌멩이, 구름 따위는 때때로 움직이므로 살아 있는 것이라고 생각한다.

8세경에는 스스로 움직이는 것에 한해 생명을 부여하며, 그 후가 되면 비로소 식물과 동물만 생명을 인정한다.

### (5) 도덕적 실재론(moral realism)

놀이 규칙과 도덕적 문제에 대한 어린이들의 판단을 조사한 Piaget의 연구를 보면, 이 시기의 어린이들의 특징은 그들의 도덕적 실재론에 나타난다. 이 시기의 어린이들에게는 규칙이란 지키지 않으면 벌을 받기 때문에 절대적으로 지켜야 되는 것이고, 규칙은 본래적으로 정해져 있는 것이므로 변경할 수 없다는 생각이 지배적이었다. 그리고 저지른 과실이 크면 클수록–행위의 의도가 어떻든 간에–더 나쁘다고 판단했다. 예컨대, 컵을 하나 깨뜨린 아이보다 다섯 개를 깨뜨린 아이를 더 나쁘다고 여겼다. 이것은 의도보다는 결과에 치중한 판단인데, 결과적으로 과실이 큰 것은 더 많은 처벌을 받아야 하는 것으로 생각했다.

결국, 전조작기의 어린이들은 도덕적 규범이나 규칙이 외부적인 힘에 의해서 주어진 것이므로 그것은 절대적으로 지켜져야 하며, 임시적인 변경이 불가능한 것으로 생각한다는 것이다. 이 시기의 도덕성은 타율적인 것이 특징이다.

### 3) 구체적 조작기(comcrete operational period)

초등학교 시기인 유아전기(7~11세)를 구체적 조작기라고 한다. 이 시기에 접어들면, 유아의 사고는 전조작기에 비하여 급격한 진전을 보이게 된다. 전 단계의 유아들은 지각적으로 두드러진 대상에만 자신의 관점을 한정시키는 데 비해, 이 시기가 되면 여러 면으로 관점을 넓힌다.

또한 전 단계에서는 내적표상(內的表象)을 갖는 것만이 가능했으나, 이 시기에 이르면 내적표상을 여러 가지 방식으로 조정할 수 있게 된다. 그리고 전조작기의 유아들이 사물의 절대적인 속성에 얽매여 사물 간의 관련성을 이해할 수 없는데 비해, 구체적 조작기의 유아들은 사물의 속성을 다룰 때 그들 사이의 관계성을 고려할 수 있게 된다.

### 4) 형식적 조작기(formal operational period)

대략 12세경이 되면, 사춘기가 시작되면서 유아의 사고는 또 한번 중요한 변화를 겪게 된다. Piaget는 12세 이후를 형식적 조작기라고 명명하였다. 이미 앞에서 보았듯이 구체적 조작기의 유아들이 시간적·공간적으로 바로 현재에 진행되고 있는 사실에 대한 논리적 사고를 하는 반면 형식적 조작기의 청소년은 현실적 세계를 넘어 추상적으로 사고할 수 있게 된다.

또한 Piaget는 유아들은 세 가지 종류의 지식을 구성하며 이러한 지식으로부터 사고와 언어에 속하는 표상(representation)이 이루어진다고 보았다. 이 세 가지 종류의 지식은 물리적 지식(phusical knowledge)과 사회적 지식(social knowledge), 그리고 논리-과학적 지식(logico-mathematical knowledge)이다.

우선 물리적 지식은 외부에 존재하고 외적 실재를 관찰할 수 있는 대상에 대한 지식을 의미한다. 물리적 지식의 근원은 주로 물체에 있다. 유아가 물체의 물리적인 속성을 발견할 수 있는 유일한 방법은 물체에 대해 물리적, 정신적으로 행동하고 유아의 행동에 대해 물체들이 어떻게 반응하는가를 알아내는 것이다.

예를 들면, 유아가 마루에 공이나 컵을 떨어뜨리면서 그 물체들이 자신의 똑같은 행동에 대해 어떻게 다르게 반응하는지를 아는 것이 이에 해당된다. 유아는 자신의 감각으로 물체의 반응을 관찰하기 때문에 물리적 지식은 부분적으로 경험적 지식이 된다. 그러므로 물리적 지식의 형성을 위해 유아 스스로 직접 경험을 통해 문제를 탐색하고 관찰하고 지식을 형성해 나갈 수 있도록 환경을 마련해 주어야 한다.

사회적 지식의 예는 일요일과 공휴일에는 수업이 없으며 12월 25일은 크리스마스이고 다른 사람과 만날 때는 악수로 인사를 한다는 등의 사실을 아는 것이다. 이러한 사실들은 사람들에 의해 만들어진 관습에 그 근원을 둔다. 또한 이러한 사실들은 다른 사람들로부터 알게 되는 것이다. 그러므로 사회적 지식은 먼저 지켜야할 규칙을 알려 주고 유아가 규칙을 지키는 습관이 형성되도록 격려하고 도와줌으로써 형성되어 나간다.

논리–과학적 지식의 예는 유아들이 이 세상에 빨간색 구슬보다 더 많은 구슬이 있음을 아는 것이다. 물리적 지식의 근원은 물체에 있는 반면 논리–과학적 지식의 근원은 그 유아의 내부에 있다.

예를 들어, 빨간 구슬과 파란 구슬이 있는데 '서로 다르다.'라는 관계를 유아가 안다면 그것은 유아의 정신적인 행위에 근거를 둔 논리–과학적 지식이 된다. 왜냐하면 '서로 다르다.'라는 관계는 이 두 구슬 외부의 어느 곳에서도 나타나 있지 않으며 외적인 실재 그 어느 곳에도 존재하지 않기 때문이다. 이 관계는 그 물체 간의 관계를 만든 사람의 머릿속에 존재하고, 만일 그가 그 물체들을 이러한 관계로 창안해 놓지 않았다면 그 차이는 존재하지 않았을 것이다. 따라서 논리–과학적 지식은 유아의 정신적인 행위에 그 근원을 두고, 이러한 협응을 통하여 구성된다.

논리-과학적 지식은 유아의 내적 추상 작용에 의해 형성되므로 유아에게 정답을 제시할 것이 아니라, 유아 스스로 결론과 개념을 생각하고 형성할 수 있는 기회를 제공해 주어야 한다.

Piaget는 지식을 물리적 지식, 사회적 지식, 논리-과학적 지식으로 구분하기는 했지만, 이 세 유형의 지식을 따로따로 생각할 수는 없다고 주장하였다. 모든 지식은 상호 관계가 있고 분리할 수 없는 하나의 전제로 발전하기 때문이다. 하나의 경험을 할 때 이 세 가지 지식의 형성이 서로 복합적으로 작용할 수 있다.

예를 들어, 식물이 물을 공급하지 않아서 시들었을 때, 식물이 물을 공급받지 못해서 시들었다는 사실은 물리적 지식으로 관찰되었지만, 시드는 이유를 추론해 내는 것은 논리-과학적 지식의 사용으로 가능하기 때문이다. 또 식물을 잘 돌보기 위해서 물 당번을 정하여 물을 주는 방법 등은 필요에 따라 규칙을 만들어 내는 사회적 지식의 예로 볼 수 있다.

## 2. 브루너(Bruner)의 정보처리이론

Bruner는 유아의 정보 처리 발달 과정을 크게 네 가지로 설명하여 그 단계를 활동적 표현 단계(stage of enactive representation), 영상적 표현 단계(stage of ikonic represention), 상징적 표현 단계(stage of symbolic representation) 및 논리적 사고 단계(logical thinking stage)로 구분하였다. 네 가지 단계 중 7세 이후에 발달하는 논리적 사고 단계를 제외하고, 7세 이전 유아기에 발달하는 활동적 표현 단계, 영상적 표현 단계, 상징적 표현 단계에 대해 살펴보면 다음과 같다(박정민, 유연화, 1999, 재정리).

### 1) 활동적 표현 단계

활동적 표현 단계는 인지발달 단계 중 전조작기에 속하는 단계로서, 유아의 행위에 의해서 사물을 인지해 가는 초보적인 단계이다. 이 단계에서 영아는 자기 주변의 일들을 기호(code)로 기록한다. 그리고 신체적 활동이나 운동적 반응의 개념으로 생각한다. 영아가 손을 뻗쳐 놀잇감, 담요, 물건을 만져 보고 입에 넣을 때, 물체 혹은 물리적 환경을 탐색하고 그 물체가 지닌 어떤 규칙(특성)을 학습한다. 영아가 이렇게 신체적인 활동을 통해 환경을 이해하고 규칙을 규정하기 때문에 Bruner는 활동적 표현 단계로 명명하였다.

### 2) 영상적 표현 단계

영아는 나이가 들어 가면서 특별한 운동적 반응이나 활동이 없이도 자기 세계에 적응하는 방법을 발달시켜 더 많은 경험을 얻기 시작한다. Bruner는 제2단계의 인지발달을 영상의 단계라고 명명하였다. 1세경의 어린이는 사물에 대하여 반응하기 시작한다. 아울러 영상(ikonic)과 시각적 지각(visual perception)에 대해서도 반응하기 시작한다. 이러한 모습은 영상에 반응하는 것으로 나타난다. 이 단계의 어린이는 신체적 활동 대신 영상을 사용할 능력이 있으므로 인지 과정이 확대된다. 비록 유아가 1~2년 동안 비활동적 표현은 계속되지만 영상 표현은 유아로 하여금 물리적으로 존재하지 않는 사건이나 사물을 생각하게 하는데 도움을 준다. 예컨대, 어머니의 목소리만 들으면서 어머니의 얼굴을 머릿속으로 생각하는 것이 그것이다.

### 3) 상징적 표현 단계

유아는 언어를 사용할 줄 알게 됨으로 인해서 자기 생활을 말로 표현하고, 자기 세계를 나타냄으로써 상징 단계에 이르게 된다. 언어는 어느 것이라도 거의 표현해 낼 수 있는 상징적인 것이다. 이렇게 상징적인 것으로 유아는 보고 느낀 물체에 관해서 생각을 표현한다. 상징적 표현인 언어는 인지 능력을 확대시킬 수 있는 중요한 것이고, 또한 이 단계는 인지발달에 있어 매우 중요한 단계인 것이다. 상징적 표현 단계가 발전하면 논리적 사고가 가능한 단계가 된다. 논리적 사고는 인지적 기능의 가장 성숙한 단계로서, 나이가 든 유아와 성인은 논리적 법칙에 따라서 정보를 처리할 수 있다.

예를 들어, 'A는 B보다 크고 B는 C보다 크면 A는 C보다 크다(A>B, B>C, ∴ A>C).'라는 관계에서 새로운 정보인 'A는 C보다 크다(A>C).'라는 사실은 경험이 없어도 논리적인 지각적 경험에 의하여 알 수 있게 되는 것이다. 이러한 상징은 규칙에 의해서 조정되고 새로운 정보를 얻게 한다.

또한 Bruner는 유아 스스로 직접 탐구하여 사실과 원리를 깨닫는 발견 학습을 해야 한다고 주장하였다. 유아를 능동적인 문제 해결자로 본 Bruner는 유아 스스로 탐구 과정을 거쳐 과학 개념을 발견해야 의미가 있으므로 교사의 지시는 최소한으로 줄이고 유아가 자발적인 발견 과정을 통하여 스스로 학습해야 한다고 주장하였다. 즉, 교사가 먼저 충분한 예를 제공하고 유아가 과학 개념이나 원리를 스스로 도출하게 하는 귀납적 방법을 사용해야 한다는 것이다. 따라서 발견 학습은 설명 학습과 달리 유아에게 의미 있는 학습으로서, 내적 학습 동기 유발에 효과적인 방법으로 평가된다. 한편 발견 학습에서는 시행착오나 시간 소모가 많을 수는 있지만 일단 발견 학습에 의해 얻어진 지식은 쉽게 망각되지 않으며 유사한 다른 과제의 학습을 용이하게 해 줄 수 있다(한유미, 2010).

## 3. 비고츠키(Vygotsky)의 인지발달이론

Vygotsky는 발달이 학습에 영향을 미치는 것뿐만 아니라 학습도 발달에 영향을 미치기 때문에 둘 간의 관계는 경계가 없다고 주장하며, 발달과 학습의 관계를 근접발달지대(잠재적으로 문제를 해결할 수 있는 발달 수준의 간격)를 통해 설명하고자 하였다.

Vygotsky의 근접발달지대 이론을 살펴보면 다음과 같다(신은수 외, 2006, 재정리).

Vygotsky는 발달을 사회 역사적 또는 문화적 관점으로 설명하였다. 그는 개인이 기능하는 사회 문화적 환경으로부터 개인을 분리하지 않는 독특한 접근을 통해 사회화 과정과 개인의 내적 정신 과정 간의 발생적 관계를 설명하고자 하였으며, 이 과정의 연결은 언어와 같은 매개의 역할에 크게 의존한다고 보았다.

Vygotsky는 발달과 학습을 서로 복잡하게 얽혀 있는 두 개의 다른 과정으로 보고, 발달은 학습에 영향을 미치는 것뿐만 아니라 학습도 발달에 영향을 미치며 둘 간의 관계는 경계가 없고 복잡하다고 보았다. 그는 발달의 개념은 교육과의 상호 작용적인 관계 속에서 설명될 수 있다고 주장하면서 내면화를 통해 개인의 사고 과정이 변화되기 위해서는 문화를 매개하는 사회적 상호 작용이라고 볼 수 있는 교육이 발달에 선행하여 이뤄져야 한다고 보았다.

#### • 근접발달지대

Vygotsky는 발달과 학습 간의 관계를 근접발달지대의 개념으로 설명하고 있는데, 여기서 근접발달지대(ZPD; Zone of Proximal Development)란 '독립적으로 문제를 해결할 수 있는 현재의 발달 수준과 교사나 유능한 또래의 도움을 받아 잠재적으로 문제를 해결할 수 있는 발달 수준 간의 간격'을 의미한다. 즉 유아 현재의 실제적 발달 수준과 잠재적 발달 수준 간의 간격을 의미하는 개념으로서 유아가 아직 혼자서는 할 수 없지만 성인이나 유능한 또래가 도와주면 수행할 수 있는 범위를 근접발달지대라고 하였다. 근접발달지대는 교수가 잘 이루어지고 있는가를 확인할 수 있는 지표가 된다.

Vygotsky는 학습을 통해 발달이 이루어지고 근접발달지대가 창조되는 것으로 보았기 때문에 적절히 조직된 학습은 인지발달에 매우 중요하다고 하였다. 근접발달지대 내에서의 효과적인 학습을 위해서는 바람직한 비계설정(scaffolding)이 필요하다고 보았다.

비계설정(scaffolding)의 사전적 의미는 건축 현장에서 층과 층을 연결하는 발판이다. 즉, 근접발달지대 내에서 효과적인 교수–학습을 위해 성인이 유아와의 상호 작용 중 도움을 적절히 조절하여 제공하는 것을 뜻한다. 비계설정은 원래 Vygotsky 자신이 제안한 개념은 아니지만 그의 이론을 적용하여 효과적인 개별화 교수의 주요 요소로 파악하려 하였던 Wood 등에 의해 소개된 용어이다.

비계설정은 보다 능력 있는 협력자가 학습자의 근접발달지대 내의 과제를 제공하고 상대방의 수행 능력에 따라 적절한 도움의 양을 조절함으로써, 궁극적으로는 학습자가 과제에 대해 책임을 맡게 함으로써 학습자의 자율성과 독립성을 길러 주는 방법이라고 볼 수 있다.

근접발달지대는 고정된 것이 아니라 유아가 좀 더 높은 수준의 지식을 달성함에 따라 계속 변화되는 것이다. 그러나 교사가 도움을 제공할 때만 유아가 문제를 해결하고 도움을 중단하였을 때 다시 해결할 수 없는 상황으로 돌아간다면 그것은 진정한 도움이 될 수 없다. 교사의 도움을 통해 문제 해결 방식을 익히고 내면화하여 다음에 비슷한 문제 상황에 직면하였을 때 독립적으로 문제를 해결할 수 있는 수준에 도달하도록 하는 것이 진정한 비계설정이다. 또한 유아가 좀 더 어려운 과제를 수행할 수 있을 때에는 새로운 수준에서 비계설정을 해 주어야 한다.

3장

# 아동과학지도의 목표와 내용

## 1. 아동과학지도의 목표

아동에게 과학 활동을 제공하여 탐구 과정을 통해 스스로 문제를 발의하고 해결할 수 있는 올바른 과학적 역량을 키우기 위해서는 구체적인 과학교육의 목표가 필요하다. 황의명, 조형숙(2001)에서는 유아기 과학교육의 목표를 다음과 같이 제시하였다.

첫째, 일상생활 속에서 접하는 사물과 현상에 대해 호기심을 갖는다.

둘째, 주변에 대해 의문을 갖고 적극적으로 탐구하기 위한 과학적 태도를 기른다. 과학적 태도란 끊임없이 문제를 제기하고 찾으려는 회의적인 태도, 실패를 긍정적으로 극복하려는 융통성과 개방적인 태도 등을 의미한다.

셋째, 생활에서 활용하고 있는 간단한 과학적 도구 및 기계에 관심을 갖고 기능을 이해한다.

넷째, 과학적 과정 기술을 증진한다. 과학적 과정 기술이란 과학적 탐구의 수행을 위해 필요한 탐구 기능을 말한다. 관찰하기, 분류하기, 측정하기, 예측하기, 의사소통하기, 가설 설정하기, 실험하기, 창안하기(새로운 아이디어 구성, 문제 해결, 만들기 등) 등이 과학적 과정 기술의 요소들이다.

다섯째, 유아의 생활 및 경험과 관련된 과학적 지식을 습득한다.

여섯째, 자연에 대한 체험을 통해 중요성을 인식한다.

일곱째, 창의적이고 비판적인 사고력을 기른다.

우리나라 영유아를 위한 국가수준 교육과정은 2012년 7월 고시된 '3~5세 연령별 누리과정'과 2013년 1월 고시된 '제3차 어린이집 표준보육과정'에 제시되어 있다.

표준보육과정과 누리과정의 과학 관련 내용은 '자연탐구' 영역에서 찾아볼 수 있다. '자연탐구' 영역의 과학교육의 목표는 다음과 같다.

① 표준보육과정에서의 자연탐구 영역 목표(보건복지부, 2013).

영아는 주변 사물과 자연환경을 지각하고 인식하다가 점차적으로 감각 경험을 통해 개인적 의미를 구성해 가는 탐색 활동을 하게 된다. 영아는 탐구를 통해 자신의 이해를 정교화하고, 새로운 환경과 상황에 이를 적용할 수 있다.

② 누리과정에서의 자연탐구 영역 목표(교육과학기술부, 2012)

자연탐구 영역에서는 호기심을 가지고 주변 세계를 탐구하며, 일상생활에서 수학적·과학적으로 생각하는 능력과 태도를 기르는 것을 목표로 삼는다.

- 주변의 사물과 자연 세계에 대해 알고자 하는 호기심을 가지고 탐구하는 태도를 기른다.
- 생활 속의 여러 상황과 문제를 논리적·수학적으로 이해하고 해결하기 위한 기초 능력을 기른다.
- 주변의 관심 있는 사물과 생명체 및 자연 현상을 탐구하기 위한 기초 능력을 기른다.

## 2. 아동과학지도의 내용

### 1) 아동과학지도의 내용

유아를 위한 과학 활동의 내용을 구성할 때 고려해야 할 사항을 신은수 등(2006)에서는 다음과 같이 제시하였다.

첫째, 유아를 위한 과학교육의 내용은 생명과학, 물리과학, 화학, 지구 및 우주과학 등이 연령과 발달 수준에 맞게 포함되어야 하며, 유아들이 이러한 과학교육의 내용 영역들을 골고루 균형감 있게 경험할 수 있도록 해야 한다.

둘째, 유아를 위한 과학교육 내용은 유아의 실생활에 관련되어 있어 친숙하고 실제로 적용시킬 수 있는 내용이 포함되어야 한다.

셋째, 유아를 위한 과학교육 내용은 유아가 사물의 움직임과 변화를 분명하게 관찰할 수 있는 것이어야 한다.

넷째, 유아를 위한 과학교육 내용은 유아가 직접 사물의 특징과 변화를 관찰하고 비교하고 측정하고 예측하는 탐구 과정을 경험하면서 과학의 과정 기술을 발달시킬 수 있어야 한다.

다섯째, 유아를 위한 과학교육은 각 내용이 실생활과 사회생활에 어떠한 영향을 끼치며 어떻게 활용되고 있는지 인식할 수 있는 내용이 포함되어야 한다.

여섯째, 유아를 위한 과학교육 내용은 다른 영역의 경험과도 통합적으로 연계되어 의미 있는 학습으로 확장되어야 한다.

또한 아동과학교육의 내용은 표준보육과정과 누리과정에서의 자연탐구 영역에 상세하게 제시되어 있다. 과학적 탐구하기 내용을 물체와 물질 알아보기, 생명체와 자연환경 알아보기, 자연 현상 알아보기, 간단한 도구와 기계 활용하기로 다음과 같이 나누어 제시하였다(교육과학기술부, 2012).

#### ① 물체와 물질 알아보기

주변의 여러 가지 물체와 물질의 기본 특성, 물체와 물질의 변화를 알아본다.

#### ② 생명체와 자연환경 알아보기

나와 다른 사람의 출생과 성장, 관심 있는 동식물의 특성과 성장, 생명체를 소중히 여기는 마음, 생명체가 살기 좋은 환경에 대해 알아본다.

#### ③ 자연 현상 알아보기

돌, 물, 흙 등 자연물의 특성, 낮과 밤, 계절의 변화와 규칙성, 날씨와 기후 변화 등 자연 현상에 대해 알아본다.

#### ④ 간단한 도구와 기계 활용하기

생활 속에서 간단한 도구와 기계의 활용, 변화하는 새로운 도구와 기계에 관심 갖고 알아본다.

이상의 연구를 살펴볼 때 아동과학교육 내용은 생명과학(생명체와 자연환경), 지구와 우주과학(자연 현상), 물리과학(물체와 물질, 도구와 기계), 화학(물체와 물질의 변화)으로 나누어진다.

교육과학기술부와 보건복지부에서 고시한 '3~5세 연령별 누리과정'에서 네 가지 과학교육의 내용을 서술한 것을 정리하면 다음과 같다.

### ① 생명과학(생명체와 자연환경)

생명과학(생명체와 자연환경 알아보기)은 유아가 자신의 출생과 성장 과정뿐만 아니라 주변의 동식물에 관심을 갖고, 생명체에 직접적인 영향을 미치는 자연환경을 알아봄으로써 생명체와 자연환경을 존중하고, 녹색 환경을 소중히 여기도록 한다.

유아가 자신의 신체와 주변에 있는 동식물에 관심을 가지며, 자신의 출생과 성장뿐만 아니라 궁금한 동식물의 특성을 구체적으로 알아 간다. 또한 유아가 인간과 동식물, 자연환경 간의 밀접한 연관성을 이해하고, 인간과 동식물이 함께 살기 좋은 녹색 환경과 생태계를 파괴할 수 있는 온실가스와 환경 오염을 줄이는 방법에 대해 알아 간다(교육과학기술부, 2012).

인체에 관한 지식은 유아가 자신의 신체에 대해 가질 수 있는 걱정이나 잘못된 개념을 극복하거나 바로 잡게 해 주며, 유아 자신의 신체적 복지에 대한 책임감을 발달시키는데 도움이 된다. 인체에 대한 학습은 동물이나 식물 등 다른 생물과학 분야에 대해 개념을 형성하고 확장하는 기초가 될 수 있다는 점에서도 중요하다(한유미, 2010).

### ② 지구와 우주과학(자연 현상)

지구와 우주과학(자연 현상 알아보기)은 유아가 생활 속에서 쉽게 접할 수 있는 자연물이나 자연 현상에 대해 관심을 갖고, 탐구 과정을 통하여 '변화와 규칙성'이라는 자연의 본질을 이해하도록 한다.

유아는 돌, 물, 흙, 낮과 밤, 계절의 변화, 날씨에 대해 알아 간다(교육과학기술부, 2012).

### ③ 물리과학(물체와 물질, 도구와 기계)

물리과학(물체와 물질 알아보기)은 유아가 일상생활 속에서 접하는 친숙한 물체와 물질에 관심을 가지고 기본적인 특성을 안다. 유아가 주변의 물체와 물질에 관심을 갖고 오감을 통해 그 특성을 알아보는 것을 다루며, 여러 가지 방법으로 물체를 움직여 보고 물질을 변화시켜 기본적 속성을 적극적으로 알아 간다(교육과학기술부, 2012).

물리과학(간단한 도구와 기계 활용하기)은 유아가 생활 속에서 사용하는 다양한 도구와 기계에 관심을 가지고 활용하면서 도구와 기계의 발전으로 인한 편리성뿐 아니라 역기능에 대해서도 관심을 가지게 한다. 유아가 일상생활에서 쉽게 접하는 도구와 기계에 흥미를 가지고 탐색하는 것은 물론 반복적으로 활용하면서 도구와 기계의 종류와 기능을 알고 바르게 활용할 수 있도록 한다. 또한 우리 생활에 변화를 가져다 주는 새로운 도구와 기계에도 관심을 갖고 장단점을 알아본다(교육과학기술부, 2012).

도구는 인간의 힘을 필요로 하는 반면 기계는 동력을 사용해서 인간의 힘이 없이도 구동할 수 있다는 점에서 차이가 있다(한유미, 2010).

#### ④ 화학(물체와 물질의 변화)

화학(물체와 물질을 여러 가지 방법으로 변화시켜 보기)은 유아가 자신에게 친숙해진 물체나 물질을 여러 가지 방법으로 변화시켜 봄으로써 물체와 물질의 기본 속성을 보다 적극적으로 탐색하도록 한다. 4, 5세의 유아는 관심을 가진 물체나 물질을 발견하면 어떻게 움직이고 변화시킬 수 있는지를 탐구하고 실험한다. 물체나 물질을 움직여 보거나 잘라 보고 또는 다른 것과 섞거나 분리해 내는 등 여러 가지 방법으로 변화시켜 봄으로써 물체와 물질의 크기, 모양, 색, 질감 등의 속성에서 변화되는 특성은 무엇이고, 변화에도 불구하고 변치 않는 속성은 무엇인지 안다(교육과학기술부, 2012).

화학은 물체 자체를 변화시키는 것으로서 물체의 반응을 관찰하는 것이 중심이 된다. 예를 들어, 유아가 기름과 물을 혼합하는 것과 소금과 물을 혼합하는 것은 활동 자체는 같지만 유아의 활동 결과 나타나는 물체의 반응이 전혀 다르다. 즉, 전자의 경우는 물 위에 기름이 뜨지만 후자의 경우에는 소금이 물에 녹아버리게 되는데, 이는 유아의 행위에 의해 직접적으로 일어나는 것이 아니라 물체 자체의 속성에 의한 것이다(한유미, 2010).

## 2) 아동과학지도 내용에 따른 활동 주제

이상의 과학교육 내용을 기준으로 본 책에서 채택한 아동과학 활동의 주제는 다음 〈표 1〉과 같다.

〈표 1〉 아동과학지도 내용에 따른 활동 주제

| 교육 내용 분류 | | 활동 주제 |
|---|---|---|
| 신은수 | 누리과정 | |
| 물리과학 | 도구와 기계 | 편리한 기계와 도구 |
| | | 바퀴 |
| | | 돋보기 |
| | 물체와 물질 | 거울 |
| | | 공기 |
| | | 빛과 그림자 |
| | | 소리 |
| | | 자석 |
| | | 전기 |
| 화학 | 물체와 물질의 변화 | 색깔 |
| | | 요리 |
| 생명과학 | 생명체와 자연환경 | 동물 |
| | | 식물 |
| | | 나의 몸 |
| | | 환경의 보호 |
| 지구 및 우주과학 | 자연 현상 | 날씨와 계절 |
| | | 물 |
| | | 돌과 흙 |
| | | 별 |

출처: 보건복지부(2013).

아동과학 활동의 주제별 주요 개념을 소개하면 다음과 같다.

### (1) 편리한 기계와 도구

- 기계가 우리의 생활을 편리하게 한다.
- 기계와 도구의 종류와 이름을 안다.
- 여러 가지 기계와 도구의 특징 및 용도를 안다.
- 여러 가지 기계의 구조에 관심을 가진다.
- 도구를 이용하여 물체를 옮긴다.
- 도르래를 관찰하고 특성을 안다.
- 도구를 바르고 안전하게 사용한다.
- 옛날에 사용한 도구와 요즈음 사용하는 도구를 비교해 본다.
- 생활 주변에서 볼 수 있는 기계에 대해 관심을 가진다.

### (2) 바퀴

- 바퀴에 대해 관심을 갖는다.
- 동그라미 모양의 바퀴가 가장 잘 구른다는 것을 안다.
- 동그라미 바퀴는 표면과의 마찰을 적게 하여 구르기 쉽게 한다.
- 바퀴는 물체를 잘 굴러가게 한다.

### (3) 돋보기

- 돋보기의 성질을 이해한다.
- 돋보기는 물건을 크게 보이게 하는 특성이 있다.
- 돋보기로 여러 가지 작은 물건을 자세하게 관찰한다.

### (4) 거울

- 거울에 비친 모습은 반사된다는 것을 안다.
- 주변에 여러 가지 거울이 있음을 안다.
- 주변에 거울과 같이 비치는 물건이 있음을 안다.
- 거울에 비칠 때 실제의 왼쪽과 오른쪽이 반대로 보이는 것을 안다.
- 두 거울이 서로 비추면서 다양한 모습을 만든다는 것을 안다.

### (5) 공기

- 공기의 존재에 대해 안다.
- 공기는 열을 가하면 부풀어 오른다.
- 빠르게 움직이는 공기는 물체를 움직이는 힘이 있다.
- 공기의 압력 차에 따른 변화를 관찰한다.
- 공기가 있어야 촛불이 탄다는 것을 안다.

### (6) 빛과 그림자

- 빛의 특성을 관찰한다.
- 빛을 내는 물체의 종류를 안다.
- 햇빛을 모으면 물건을 태우거나 녹일 수 있을 만큼 열이 난다는 것을 안다.
- 그림자에 대해 관심을 갖는다.
- 빛을 가려서 그림자가 됨을 이해한다.
- 그림자는 움직임에 따라 변화한다는 것을 안다.

### (7) 색깔

- 여러 가지 색깔의 이름을 안다.
- 카드에 있는 색깔과 같은 색의 물체를 찾아본다.
- 두 가지 색을 섞으면 다른 색이 됨을 안다.
- 색깔에 따라 사물을 분류한다.

### (8) 소리

- 소리 나는 곳의 위치를 찾아낼 수 있다.
- 주변에서 나는 소리를 탐색해 본다.
- 다양한 소리를 들어 보고 직접 악기를 만드는 경험을 한다.
- 부딪치는 재료에 따라 다른 소리가 남을 안다.
- 고무줄을 튕기면, 길이에 따라 소리가 다름을 안다.
- 소리는 실로 전달됨을 안다.

### (9) 자석

- 자석의 성질을 이해한다.
- 자석의 끄는 힘에 대해 관심을 갖는다.
- 자석에 붙는 물체와 붙지 않는 물체가 있음을 안다.
- 자석이 금속을 끌어당김을 안다.
- 자석의 힘은 물과 유리를 통과하여 영향을 미침을 안다.

### (10) 전기

- 전기의 힘으로 가전제품들이 작동함을 안다.
- 전기가 통하는 것과 통하지 않는 것을 분류할 수 있다.
- 물건들을 서로 문지르면 정전기가 일어남을 안다.
- 건전지가 전등에 불이 들어오게 하는 힘이 있음을 안다.

### (11) 요리

- 재료의 이름과 특성을 안다.
- 음식 재료의 변화 과정을 관찰한다.
- 맛의 변화에 대해 안다.
- 열에 의한 재료의 변화 과정을 안다.

### (12) 나의 몸

- 신체 각 부분의 명칭, 위치, 개수를 안다.
- 얼굴 각 부분의 이름과 기능을 안다.
- 다양한 냄새를 비교해 보고, 느낌을 언어나 그림으로 표현한다.
- 손가락에는 지문이 있으며, 지문은 사람마다 다르다는 것을 안다.
- 단 음식이 이에 나쁜 영향을 끼친다는 것을 안다.
- 신체 각 부분의 이름을 알고 움직인다.
- 몸 안에 있는 내부 기관의 위치와 명칭을 안다.
- 심장이 내는 소리를 들어 본다.
- 칼슘은 뼈를 튼튼하게 해 줌을 안다.

### (13) 동물

- 동물에 대한 관심을 가진다.
- 동물의 생김새를 안다.
- 토끼의 모습과 특징을 안다.
- 동물들이 사는 곳을 찾아 분류할 수 있다.
- 동물의 특성을 알고 몸으로 표현한다.
- 곤충의 이름, 특성을 안다.
- 곤충의 특징, 움직임을 몸으로 표현한다.

### (14) 식물

- 식물은 주변 어디서나 볼 수 있다.
- 씨앗에 관심을 가진다.
- 씨앗은 물을 흡수하면 팽창한다는 것을 안다.
- 씨앗을 싹 틔우는 경험을 한다.
- 식물은 물을 흡수한다.

- 식물이 성장하는데 물이 필요하다.
- 식물의 성장에는 햇빛이 필요하다.
- 식물의 성장 과정을 안다.

### (15) 환경의 보호

- 공기 안에 더러운 물질이 떠다님을 안다.
- 깨끗한 물과 더러운 물의 차이를 안다.
- 물을 깨끗이 하는 방법을 안다.
- 어떤 쓰레기는 썩지 않아 흙을 오염시킨다는 것을 안다.
- 물건을 소중히 다루고 아끼도록 한다.
- 자연을 사랑하는 마음을 가진다.
- 전기를 아끼며, 더위를 시원하게 보내는 방법을 안다.

### (16) 날씨

- 날씨에 관심을 가진다.
- 날씨에 맞는 옷을 선택할 수 있다.
- 비가 내리는 현상에 관심을 가진다.
- 바람의 움직임을 활동을 통해 볼 수 있다.
- 바람이 부는 방향을 관찰한다.
- 바람의 속도에 따라 물건의 움직임이 다르다는 것을 안다.
- 온도계는 기온을 측정하는 도구이다.
- 온도를 측정해 보는 경험을 한다.
- 무지개를 구성하는 일곱 가지의 색을 안다.

### (17) 물

- 여러 가지 상태의 물을 탐색해 본다.
- 물의 성질을 안다.
- 물에 뜨는 것, 가라앉는 것을 분류한다.
- 물에 녹는 것, 녹지 않는 것을 분류한다.
- 구멍의 높이에 따라 물이 다르게 떨어지는 것을 관찰한다.
- 물은 흐르는 통로가 있으며 높은 곳에서 낮은 곳으로 흐른다.
- 뜨거운 물은 위로, 찬물은 아래로 이동한다.

### (18) 흙과 돌

- 흙의 특성을 이해한다.
- 흙 속에 여러 가지 물건이 섞여 있음을 안다.
- 여러 가지 돌의 모양을 관찰한다.
- 여러 가지 돌의 특성을 이해한다.
- 돌을 이용하여 그림을 그려 본다.

### (19) 별

- 별에 대해 관심을 가진다.
- 별자리에 대한 관심을 가진다.
- 별이 왜 밤에만 보이는지 이유를 안다.

4장

# 국가수준 교육과정의 아동과학지도 교육 내용

어린이집 영유아를 위한 국가수준 교육과정은 2012년 7월 고시된 '3~5세 연령별 누리과정'과 2013년 1월 고시된 '제3차 어린이집 표준보육과정'이 있다. 국가수준에서 영유아들에게 제공하는 과학교육의 내용도 표준보육과정과 누리과정에 제시되어 있다.

표준보육과정과 누리과정에서의 국가수준 과학교육은 자연탐구 영역에 해당한다. 이 영역은 '탐구하는 태도 기르기', '수학적 탐구하기', '과학적 탐구하기'로 나눌 수 있다.

여기서는 표준보육과정과 누리과정에서의 자연탐구 영역 중 '탐구하는 태도 기르기'와 '과학적 탐구하기'의 내용을 정리하여 제시하였다.

## 1. 표준보육과정(0~2세)의 과학지도 교육 내용

영아를 위한 과학교육의 내용을 살펴보기 위해 표준보육과정에 나타난 과학 관련 내용을 살펴보고자 한다. 2013년 1월 21일에 개정된 '제3차 어린이집 표준보육과정'은 어린이집의 0~2세 영아들에게 국가수준에서 제공하는 보편적이고 공통적인 보육의 목표와 내용을 제시한 것이다. 모든 유아교육 기관은 표준보육과정에 따라 영유아를 보육하도록 노력하여야 한다.

표준보육과정의 과학 관련 내용은 '자연탐구' 영역에 제시되어 있다. '자연탐구' 영역에서 과학 관련 내용은 0~1세 표준보육과정, 2세 표준보육과정으로 크게 구분되며, 각 연령별 보육 과정은 수준별 세부 내용으로 구성되어 있다. 0~1세 보육 과정은 4개의 수준, 2세 보육 과정은 2개 수준으로 세부 내용이 구성되어 있다.

표준보육과정 중 '자연탐구' 영역을 구체적으로 살펴보면 다음과 같다(보건복지부, 2013).

### 1) 목표

영아는 주변 사물과 자연환경을 지각하고 인식하다가 점차적으로 감각 경험을 통해 개인적 의미를 구성해 가는 탐색 활동을 하게 된다. 영아는 탐구를 통해 자신의 이해를 정교화하고, 새로운 환경과 상황에 이를 적용할 수 있다.

### 2) 내용

표준보육과정 자연탐구 영역의 내용은 '탐구하는 태도 기르기', '수학적 탐구하기', '과학적 탐구하기'로 구성된다. '탐구하는 태도 기르기'는 태도와 기술에 관련되며, '수학적 탐구하기'와 '과학적 탐구하기'는 지식 구성에 관련된다.

여기서는 과학 관련 내용인 '탐구하는 태도 기르기', '과학적 탐구하기'에 대해 살펴보도록 한다.

### (1) 0~1세 표준보육과정의 자연탐구 영역 과학교육 내용

- 보고, 듣고, 만지면서 주변 환경에 관심을 가진다.
- 주변 사물에 대한 탐색을 시도한다.
- 주변에서 일어나는 수학적 상황을 지각한다.
- 감각과 조작을 통하여 주변 사물과 자연환경에 대해 지각한다.

**〈표 2〉 0~1세 표준보육과정의 과학교육 내용 체계**

| 내용 범주 | 내용 |
|---|---|
| 탐구하는 태도 기르기 | 사물에 관심 가지기 |
| | 탐색 시도하기 |
| 과학적 탐구하기 | 물체와 물질 탐색하기 |
| | 주변 동식물에 관심 가지기 |
| | 주변 자연에 관심 가지기 |
| | 생활 도구 탐색하기 |

출처: 보건복지부(2013).

0~1세를 대상으로 하는 과학교육 내용을 네 가지 수준으로 구분하여 제시하면 다음과 같다.

〈표 3〉 0~1세 표준보육과정의 과학교육 내용과 수준별 제시

| 내용 범주 | 내용 | 1수준 | 2수준 | 3수준 | 4수준 |
|---|---|---|---|---|---|
| 탐구하는 태도 기르기 | 사물에 관심 가지기 | | 주변 사물에 관심을 가진다. | | |
| | 탐색 시도하기 | 나와 주변 사물을 탐색한다. | 주변의 사물에 대해 의도적인 탐색을 시도한다. | | |
| 과학적 탐구하기 | 물체와 물질 탐색하기 | 일상생활 주변의 몇 가지 친숙한 것들을 양육자와 함께 탐색한다. | | | |
| | 주변 동식물에 관심 가지기 | | | 주변 동식물의 모양, 소리, 움직임에 관심을 가진다. | |
| | 주변 자연에 관심 가지기 | | 생활 주변의 자연물을 감각으로 느껴 본다. | | |
| | | | 바람, 햇빛, 비 등을 감각으로 느껴 본다. | | |
| | 생활 도구 탐색하기 | | | 도움을 받아 생활 도구를 탐색한다. | |

출처: 보건복지부(2013).

0~1세를 위한 '탐구하는 태도 기르기' 교육 내용을 자세히 설명하면 다음과 같다.

### ① 탐구하는 태도 기르기

#### 가) 사물에 관심 가지기

'사물에 관심 가지기'는 영아가 자신과 주변 사물에 대해 관심을 가지도록 돕는 내용이다. 0~1세 영아의 주변 사물에 대한 관심은 감각 및 신체 기능의 발달과

밀접하게 관련되어 있으며, 여러 감각을 통하여 주변 사물에 관심을 가지게 되므로 탐색하는 태도를 기르는 기초를 마련하게 된다.

'주변 사물에 관심을 가진다.'는 것은 영아가 더 구체적으로 주변의 여러 가지 사물에 보다 집중하여 주의를 기울이는 내용이다. 영아는 좋아하는 사물을 시각적으로 탐색하고, 사물을 손에 쥐고 보거나, 입에 넣고 빨아 본다. 기어 다니거나 짚고 일어서거나 걷는 것이 가능해지면, 주변에 대한 관심을 가지고 지각하는 범위를 넓혀 가게 된다. 영아가 주변의 여러 가지 사물에 관심을 보이고 주의를 기울이고 있을 때는 적극적으로 상호 작용해 주고, 때로는 함께 주의를 집중해 주고 지지해 주며 주변 사물에 보다 적극적으로 관심을 가질 수 있도록 해 준다.

### 나) 탐색 시도하기

'탐색 시도하기'는 자신과 주변의 사물과 자연 세계의 다양한 사물에 대해 의도적으로 탐색적 행동을 시도하는 내용으로 구성되어 있다. 1세 미만의 영아는 자신과 주변 사물을 눈으로 보고, 만지고, 빨고, 소리를 듣는 등 감각을 사용하여 탐색하는 행동을 한다. 생후 6개월 이후가 되면 주변 사물을 떨어뜨리거나 잡아당기거나 하는 행동을 통해서 의도적인 탐색을 한다.

'나와 주변 사물을 감각으로 탐색한다.'는 것은 영아가 자신과 주변에 있는 사물을 시각, 촉각 등의 감각을 이용하여 탐색하는 내용이다. 6개월 미만의 영아는 자신의 손을 쳐다보고 빨아 보고, 발을 잡아 보고 빨아 보고, 손에 쥔 물건들을 입 속에 넣고 빨거나 하면서 감각으로 자신과 주변의 사물을 탐색한다. 영아가 자신과 주변 사물을 감각으로 즐겁고 편안하게 탐색하도록 눈의 위치를 맞춰서 모빌 종류를 매달아 주고, 입에 넣고 빨아도 안전하도록 청결한 놀잇감을 손에 쥐어 주면 자신과 주변 사물을 감각으로 자유롭게 탐색할 수 있다.

'주변의 사물에 대해 의도적인 탐색을 시도한다.'는 것은 주변의 사물에 대해 궁금해 하며 의도적으로 떨어뜨리거나 하는 탐색 행동을 시도하는 내용이다. 생후 6개월 이후의 영아는 물건들을 떨어뜨리고 찾고, 집어 올리기를 반복한다. 이를 유심히 보고, 떨어질 때 나는 소리를 들으며 감각으로 탐색을 하며 즐긴다. 물건을 떨어뜨리고 찾기, 미끄러뜨리기, 던져 보기, 뒤집어서 탐색하기, 고의로 물건 떨어뜨리기와 같은 의도적인 탐색 행동이 나타날 때, 함께 주의를 집중해 주고 일상생활에서 특정 사물이나 환경을 반복적으로 탐색할 수 있도록 격려하고 지원한다. 영아의 반복되는 탐색에 대해 언어적, 비언어적으로 지원하고, 탐색의 범위를 확장해 가도록 격려해 주고 적극적으로 상호 작용해 준다. 영아가 주변의 관심 있는 사물에 대해 의도적인 탐색을 시도할 수 있도록 때로는 한 걸음 물러나서 함께 지켜보며 지지해 주어야 한다.

0~1세를 위한 '과학적 탐구하기' 교육 내용을 자세히 설명하면 다음과 같다.

### ② 과학적 탐구하기

#### 가) 물체와 물질 탐색하기

'물체와 물질 탐색하기'에서 '일상생활 주변의 몇 가지 친숙한 것들을 양육자와 함께 탐색한다.'는 일상생활 주변에서 다양한 감각을 통하여 탐색할 수 있도록 양육자가 몇 가지 친숙한 사물을 함께 탐색하는 내용이다. 영아는 태어난 지 얼마 되지 않아도 빛이 들어오는 쪽으로 시선을 집중하고, 색다른 소리가 나는 방향으로 고개를 돌리고, 익숙하지 않은 맛이나 좋지 않은 냄새에 대해서 거부 반응을 보인다. 이와 같이 타고난 감각적 능력을 이용하여 주변 환경의 수많은 자극에 반응한다. 영아는 성장하면서 다양한 감각을 이용하여 사물의 특징을 지각하는데, 두 손을 모두 사용하여 사물을 이 손에서 저 손으로 옮겨가며 만지거나, 다른 각도에서 보면서 진보된 감각적 탐색을 한다. 성인이 영아의 시선을 따라가면서 영아가 관심을 보이는 사물에 함께 주의를 기울여 주는 민감성이 필요하다. 관심 있는 사물을 직접 감각적으로 탐색할 수 있도록 지원해 주는 것이 중요하다. 또한 마음대로 구기고 찢을 수 있는 종이나, 파고 문지르고 주무를 수 있는 밀가루 반죽, 끌거나 당겨서 움직임이나 변화가 나타나는 놀잇감 등을 손을 사용하여 탐색할 수 있도록 해 주어야 한다. 또 영아는 다양한 맛을 탐색할 수 있는 과일이나, 안전한 여러 가지 냄새를 맡으면서 물체와 물질을 탐색하며 기초 지식을 구성해 가게 된다.

### 나) 주변 동식물에 관심 가지기

'주변 동식물에 관심 가지기'에서 '주변 동식물의 모양, 소리, 움직임에 관심을 가진다.'는 주변의 익숙한 동식물의 모양이나 소리, 움직임 등의 외적 특성에 주의를 기울이고 재미있어 하며 관심을 갖는 내용이다. 1세 영아는 일상생활에서 흔들리는 나뭇잎, 새싹, 꽃잎, 움직이는 애완동물, 수족관 속의 물고기, 곤충을 보게 되면 관심을 보인다. 손가락으로 가리키거나 흉내를 내며, 생김새와 움직임에 관심을 보인다. 아주 어린 영아들은 움직이는 생명체를 접하게 되었을 때 두려워하거나 흥분하기 보다는 유심히 바라보면서 감각을 집중하는 반응을 보인다. 그러나 영아의 월령이 증가하면 관심을 가지고 유심히 살펴보는 것과 반대로 동물이나 곤충의 소리와 움직임에 대하여 심하게 두려움을 보이이기도 하며, 상반된 두 가지 반응을 동시에 보이기도 한다. 영아는 안전한 주변 동식물을 자주 접하면서 생명체에 대해 긍정적인 관심을 가지게 된다.

### 다) 주변 자연에 관심 가지기

'주변 자연에 관심 가지기'는 생활 주변의 자연물과 바람, 햇빛, 비 등을 감각을 통하여 느끼는 내용이다. 0~1세 영아는 나뭇잎이나 꽃, 물, 돌 등의 자연물과 바람, 햇빛, 비 등을 감각적으로 느낀다.

'생활 주변의 자연물을 감각으로 느껴본다.'는 생활 주변에서 만나는 자연물에 관심을 보이고, 만져 보고 냄새를 맡아 보거나 하면서 감각을 통하여 느껴 보는 내용이다. 영아는 물놀이를 하면서 물을 만져 보고, 두드려 보고, 철벅거려 보고, 플라스틱 그릇이나 물오리 등을 가지고 놀면서 물을 감각으로 느껴 보게 된다. 1세 영아는 주변에 있는 물, 나뭇잎 등의 자연물에 관심을 보이고 만져 보면서 독특한 느낌을 경험하고 지식을 구성해 가게 된다.

'바람, 햇빛, 비 등을 감각으로 느껴본다.'는 일광욕을 하거나 산책, 바깥놀이를 하면서 바람, 햇빛, 비 등 직접 감각으로 느끼게 되는 내용이다. 2세 미만의 영아는 부드러운 햇볕을 쬐거나 바깥을 산책할 때 편안하고 만족스러운 표정을 보인다. 날씨가 좋을 때 느낄 수 있는 맑은 공기의 쾌적함이나, 바람의 따스함과 부드러움을 느낀다. 월령이 증가하면서 날씨에 대해 관심을 나타낸다. 비가 오는 것을 손가락으로 가리키며 관심 있게 바라보고, 천둥소리에 놀라는 표정을 짓는다. 영아는 자연 현상, 낙엽 줍기, 눈 만져 보기 등의 활동을 통해 자연과 날씨를 감각으로 느끼면서 경험하게 된다.

#### 라) 생활 도구 탐색하기

'생활 도구 탐색하기'에서 '도움을 받아 생활 도구를 탐색한다.'는 일상생활 속에서 가까이 보게 되는 생활 도구에 관심을 보일 때, 성인이 만져 보고 탐색할 수 있도록 하는 내용이다. 1세 영아는 숟가락이나 컵의 사용에 관심을 보이고 스스로 사용하고자 한다. 숟가락이나 컵에 관심을 보이면서 숟가락이나 컵을 잘못 잡고 두드리거나, 떨어뜨려 보거나, 굴려 보기도 한다. 탐색을 할 수 있도록 지켜봐주고, 스스로 도구를 이용하여 밥을 먹으려고 하거나 물을 마시고자 하는 시도를 할 때는 숟가락이나 컵을 바르게 잡도록 도와주고, 점차 용도에 맞게 사용할 수 있도록 기다려 주도록 한다. 1세 영아는 생활 도구를 탐색하다가 점차 생활 도구에 친숙하게 된다.

### (2) 2세 표준보육과정의 자연탐구 영역 과학교육 내용

- 주변 환경에 호기심을 갖고 탐색하기를 즐긴다.
- 호기심을 가지고 주변 세계에 대해 다양하게 탐색한다.
- 주변에서 경험하는 수학적 상황을 인식한다.
- 다양한 탐색을 통하여 주변 사물과 자연환경을 인식한다.

〈표 4〉 2세 표준보육과정의 과학교육 내용 체계

| 내용 범주 | 내용 |
|---|---|
| 탐구하는 태도 기르기 | 호기심 가지기 |
| | 반복적 탐색 즐기기 |
| 과학적 탐구하기 | 물체와 물질 탐색하기 |
| | 주변 동식물에 관심 가지기 |
| | 자연을 탐색하기 |
| | 생활 도구 사용하기 |

출처: 보건복지부(2013).

2세를 대상으로 하는 과학교육 내용을 두 개의 수준으로 구분하여 제시하면 다음과 같다.

〈표 5〉 2세 표준보육과정의 과학교육 내용과 수준별 제시

<table>
<tr><th>내용 범주</th><th>내용</th><th>1수준</th><th>2수준</th></tr>
<tr><td rowspan="2">탐구하는 태도 기르기</td><td>호기심 가지기</td><td colspan="2">주변 사물과 자연 세계에 호기심을 가진다.</td></tr>
<tr><td>반복적 탐색 즐기기</td><td colspan="2">관심 있는 사물을 반복하여 주도적으로 탐색하기를 즐긴다.</td></tr>
<tr><td rowspan="6">과학적 탐구하기</td><td>물체와 물질 탐색하기</td><td colspan="2">친숙한 물체와 물질을 능동적으로 탐색한다</td></tr>
<tr><td>주변 동식물에 관심 가지기</td><td colspan="2">주변 동식물의 모양, 소리, 움직임에 관심을 가진다.</td></tr>
<tr><td rowspan="2">자연을 탐색하기</td><td colspan="2">돌, 물, 모래 등의 자연물을 탐색한다.</td></tr>
<tr><td colspan="2">날씨를 감각으로 느낀다.</td></tr>
<tr><td rowspan="2">생활 도구 사용하기</td><td colspan="2">생활 속에서 간단한 도구에 관심을 가진다.</td></tr>
<tr><td colspan="2">간단한 도구를 사용한다.</td></tr>
</table>

출처: 보건복지부(2013).

2세를 위한 '탐구하는 태도 기르기' 교육 내용을 자세히 설명하면 다음과 같다.

### ① 탐구하는 태도 기르기

#### 가) 호기심 가지기

'호기심 가지기'에서 '주변 사물과 자연 세계에 호기심을 가진다.'는 주변의 사물과 자연 세계에 대해 관심을 가지고 궁금한 것을 알고자 하는 호기심을 가지는 내용이다. 2세 영아는 주위의 여러 가지 사물과 주변 세계에 대해 호기심을 느끼고 궁금해 하며, 새로운 사물이나 현상에 대해 신기해 하며 알고자 한다. 이 시기의 영아는 자발적이고 능동적으로 자신의 의지에 따라 신체를 움직이고 공간을 이동하며, 감각과 소근육도 보다 발달되어 호기심을 가지고 주변을 탐색한다. 영아는 호기심이나 탐색하고자 하는 시도를 지켜봐 주고, 함께 관심을 기울여 주고, 궁금해 하는 것에 긍정적이고 지지적인 태도로 상호 작용해 주고, 호기심에 민감하게 반응해 주면 호기심을 유지하고 확장해 가게 된다.

#### 나) 반복적 탐색 즐기기

'반복적 탐색 즐기기'에서 '관심 있는 사물을 반복하여 주도적으로 탐색하기를 즐긴다.'는 관심 있는 사물을 오감과 대소근육을 사용하여 주도적으로 반복하여 탐색하기를 즐기는 내용이다. 2세 영아는 오감과 사물에 대한 반복적인 탐색을 즐긴다. 밀가루 반죽을 조물조물 만져 보고 두드려 보고 하는 등의 감각적인 탐색을 하다가 밀어서 길쭉하게 만들어 본 것을 기억하여 한동안 계속해서 같은 놀이를 반복하면서 탐색을 즐긴다. 영아는 반복적인 탐색으로 새롭게 발견하거나 익힌 것을 자연스럽게 몸으로 익히게 되며, 한 가지 탐색을 확장하여 다른 방법으로 탐색을 할 수 있게 된다. 세심한 관찰을 통해 영아의 탐색에 민감하게 반응하면서 동일한 재료를 여러 번 제공하여 탐색을 반복할 수 있도록 해 주고, 어느 정도 시간이 지나서 연관성이 있는 다른 자료를 제공하여 연계성이 있으면서도 확장된 탐색을 할 수 있도록 해 주면 영아는 반복적 탐색을 즐기게 된다.

2세를 위한 '과학적 탐구하기' 교육 내용을 자세히 설명하면 다음과 같다.

### ② 과학적 탐구하기

#### 가) 물체와 물질 탐색하기

'물체와 물질 탐색하기'에서 '친숙한 물체와 물질을 능동적으로 탐색한다.'는 주변의 친숙한 물체와 물질을 능동적으로 탐색하는 내용이다. 2세 영아는 사물의 움직임에 관심을 가지고 움직이거나 떨어뜨려 보고, 물질을 만지고 섞어 본다. 다양한 종류의 공을 굴려 보고, 발로 차 보고, 만져 보고, 던져 본다. 자동차 놀잇감을 타 보고, 밀고, 끌어 보고, 비누 거품을 내어 보고, 물감을 풀어 보고, 물감을 꼭 눌러 짜 보기도 한다. 영아는 자신의 탐색 행동에 대해 격려받고, 탐색 행동의 결과와 변화 과정에 대한 적절한 상호 작용을 통해 보다 긍정적인 태도를 가지고 능동적으로 탐색할 수 있게 된다.

#### 나) 주변 동식물에 관심 가지기

'주변 동식물에 관심 가지기'에서 '주변 동식물의 모양, 소리, 움직임에 관심을 가진다.'는 주변에서 동식물의 모양, 소리, 움직임에 관심을 갖는 내용이다. 2세 영아는 날아가는 새의 움직임, 물고기가 헤엄치는 모습, 기어 다니는 개미, 개 짖는 소리, 소의 울음소리에 관심을 갖고, 꽃과 나무를 자세히 들여다보고, 꽃잎, 나뭇잎, 열매를 주워 오기도 한다. 영아가 동물과 곤충 이름이 나와 있는 쉬운 책 읽어 주기, 동식물 키우기, 동물의 움직임과 소리 흉내 내기, 친숙한 동식물 관찰하기, 산책하러 가서 나뭇잎과 열매 줍기와 같은 활동을 할 수 있도록 한다. 2세 영아는 주변의 애완동물이나 작은 곤충이 내는 소리나 생긴 모양, 움직임에 더욱 관심을 가지게 되고, 나아가 친숙한 동물들의 소리, 생김새, 움직임을 구별할 수 있게 된다.

### 다) 자연을 탐색하기

'자연을 탐색하기'는 주변에서 만나게 되는 돌, 물, 모래 등의 자연물을 탐색하고, 변화하는 날씨 현상에 관심을 갖고 감각으로 느껴 보는 내용이다. 2세 영아는 자연이 주는 시각적·촉각적 자극을 반복적으로 경험하면서, 날씨와 계절에 관련된 자연 현상과 이에 따른 자연물을 인식하게 된다. 일상의 경험에서도 바람, 눈, 비, 어둠, 밝음 등과 관련된 일상적인 이야기를 나눔으로써 자연 현상에 대한 영아의 인식이 증진되도록 한다. 영아는 바깥놀이 활동과 산책을 하면서 다양한 자연물을 탐색하고 날씨를 감각으로 느끼게 된다.

'돌, 물, 모래 등의 자연물을 탐색한다.'는 생활 주변에 있는 작은 돌이나, 물, 모래 등의 자연물을 탐색하는 내용이다. 2세 영아는 산책 등을 통해 접하게 되는 작은 돌이나 물, 모래, 흙에 관심을 보이고 만져 보고, 두드려 보고, 쏟아 붓고 하면서 탐색을 한다. 안전에 유의하면서 영아가 관심을 보이는 자연물에 대해 탐색하고 감각으로 느껴 보도록 지원해 준다.

'날씨를 감각으로 느낀다.'는 자연 현상에 따라 변화하는 날씨를 감각으로 느끼는 내용이다. 2세 영아는 날씨에 따른 여러 가지 변화에 대해 인식하고 감각으로 느낀다. 영아는 자연 현상과 사람의 생활을 단순하게 연결 짓게 되어, 비가 오면 우산을 쓰고 장화를 신으며, 매일 아침이 오고 밤이 온다는 것과 밤에는 잠을 자야 한다는 것, 바람이 불면 시원하고 사물이 날린다는 것을 경험을 통해 어느 정도 이해할 수 있으며 바깥놀이나 산책을 나가서 날씨를 감각으로 느끼게 된다.

### 라) 생활 도구 사용하기

'생활 도구 사용하기'는 생활 속에서 사용하는 간단한 도구에 관심을 가지고, 간단한 도구를 사용하는 내용이다. 2세 영아는 생활 속에서 접하게 되는 여러 가지 도구에 대하여 많은 관심을 갖는다. 영아는 TV나 전등의 스위치를 조작하거나, 서랍을 여닫거나, 전화를 받거나, 화장실 변기의 물을 내리는 등 생활에 관련된 도구를 직접 사용해 보려고 한다. 영아는 간단한 생활 도구 중에서 사용하기에 적절한 용품들의 조작 방법을 반복적으로 보여 주면 관심을 가진다. 이를 반복적으로 탐색하게 하고, 조작하고 사용하는 방법을 알려 주고, 충분한 시간을 두고 기다려 주게 되면 간단한 도구를 사용할 수 있게 된다.

'생활 속에서 간단한 도구에 관심을 가진다.'는 생활 속에서 접하게 되는 간단한 도구에 영아가 관심을 보이면, 천천히 조작하는 모습을 보여 주고 관심이 유지될 수 있도록 반복적으로 보여 주는 내용이다. 빗자루, 쓰레받기 등 생활 도구를 사용 할 때 이름이나 기능에 대해 적절하게 상호 작용을 해 주면 관심을 갖게 된다.

'간단한 도구를 사용한다.'는 생활 속에서 사용하는 간단한 도구 중에서 2세 영아가 사용하기 쉬운 도구를 사용해 보는 내용이다. 보육실 바닥에 떨어진 낙엽이나 종이 조각 등을 영아가 사용하기 좋은 작은 크기의 작은 빗자루와 쓰레받기를 사용하여 청소해 보도록 격려하고, 블록 영역에서 쌓기 블록을 이용하여 식탁이나 아기 침대를 만들어서 놀이하는 기회를 제공하고, 밀가루 반죽으로 미술 활동을 할 때 누르거나 찍을 수 있는 도구나 받침 등의 사용을 격려하면 간단한 도구를 사용할 수 있게 된다.

## 2. 누리과정(3~5세)의 과학지도 교육 내용

유아를 위한 과학교육의 내용을 살펴보기 위해 어린이집과 유치원에서 공통적으로 적용하고 있는 누리과정에 나타난 과학 관련 내용을 살펴보고자 한다. 2012년에 개정된 '3~5세 연령별 누리과정'은 3~5세 유아들에게 국가수준에서 제공하는 보편적이고 공통적인 보육의 목표와 내용을 제시하였다.

누리과정의 과학 관련 내용도 표준보육과정에서와 같이 '자연탐구' 영역에서 찾아볼 수 있다. '자연탐구' 영역에서 과학 관련 내용은 연령별로 3세, 4세, 5세로 구분된다. 구체적으로 누리과정 중 '자연탐구' 영역을 살펴보면 다음과 같다(교육과학기술부, 2012).

### 1) 목표

호기심을 가지고 주변 세계를 탐구하며, 일상생활에서 수학적·과학적으로 생각하는 능력과 태도를 기르는 것을 목표로 삼는다.

- 주변의 사물과 자연 세계에 대해 알고자 하는 호기심을 가지고 탐구하는 태도를 기른다.
- 생활 속의 여러 상황과 문제를 논리·수학적으로 이해하고 해결하기 위한 기초 능력을 기른다.
- 주변의 관심 있는 사물과 생명체 및 자연 현상을 탐구하기 위한 기초 능력을 기른다.

## 2) 내용

누리과정의 자연탐구 영역은 '탐구하는 태도 기르기', '수학적 탐구하기', '과학적 탐구하기'의 세 가지 내용 범주로 구성되는데, 이 중 과학과 관련되는 '탐구하는 태도 기르기'와 '과학적 탐구하기'를 살펴보면 다음과 같다.

우선 '탐구하는 태도 기르기'는 호기심을 유지하고 확장하기, 탐구 과정 즐기기, 탐구 기술 활용하기 등의 내용으로 구성된다. 이를 통해 유아가 탐구 과정을 즐기면서 지식을 바르게 추구하는 태도를 기를 수 있다.

'과학적 탐구하기'는 물체와 물질 알아보기, 생명체와 자연환경 알아보기, 자연 현상 알아보기, 간단한 도구와 기계 활용하기 등의 내용으로 구성된다.

### (1) 3~5세 누리과정의 자연탐구 영역 과학교육 내용

〈표 6〉 3~5세 누리과정의 과학교육 내용 체계

| 내용 범주 | 내용 |
|---|---|
| 탐구하는 태도 기르기 | 호기심을 유지하고 확장하기 |
| | 탐구 과정 즐기기 |
| | 탐구 기술 활용하기(4, 5세) |
| 과학적 탐구하기 | 물체와 물질 알아보기 |
| | 생명체와 자연환경 알아보기 |
| | 자연 현상 알아보기 |
| | 간단한 도구와 기계 활용하기 |

출처: 교육과학기술부(2012).

3~5세를 위한 '탐구하는 태도 기르기' 교육 내용을 자세히 설명하면 다음과 같다.

〈표 7〉 3세 누리과정 탐구하는 태도 기르기의 과학교육 내용

| 내용 범주 | 내용 | 세부 내용 |
|---|---|---|
| 탐구하는 태도 기르기 | 호기심을 유지하고 확장하기 | 주변 사물과 자연 세계에 대해 호기심을 갖는다. |
| | 탐구 과정 즐기기 | 궁금한 점을 알아보는 과정에 흥미를 갖는다. |

출처: 교육과학기술부(2012).

〈표 8〉 4세 누리과정 탐구하는 태도 기르기의 과학교육 내용

| 내용 범주 | 내용 | 세부 내용 |
|---|---|---|
| 탐구하는 태도 기르기 | 호기심을 유지하고 확장하기 | 주변 사물과 자연 세계에 대해 지속적으로 호기심을 갖는다. |
| | 탐구 과정 즐기기 | 궁금한 점을 알아보는 탐구 과정에 관심을 가지고 참여한다. |
| | 탐구 기술 활용하기 | 일상생활의 문제를 해결하는 과정에서 탐색, 관찰 등의 방법을 활용해 본다. |

출처: 교육과학기술부(2012).

〈표 9〉 5세 누리과정 탐구하는 태도 기르기의 과학교육 내용

| 내용 범주 | 내용 | 세부 내용 |
|---|---|---|
| 탐구하는 태도 기르기 | 호기심을 유지하고 확장하기 | 주변 사물과 자연 세계에 대해 지속적으로 호기심을 갖고 알고자 한다. |
| | 탐구 과정 즐기기 | 궁금한 점을 알아보는 탐구 과정에 참여하고 즐긴다. |
| | | 탐구 과정에서 서로 다른 생각에 관심을 갖는다. |
| | 탐구 기술 활용하기 | 일상생활의 문제를 해결하는 과정에서 탐색, 관찰, 비교, 예측 등의 탐구 기술을 활용해 본다. |

출처: 교육과학기술부(2012).

### ① 탐구하는 태도 기르기

#### 가) 호기심을 유지하고 확장하기

'호기심을 유지하고 확장하기'는 유아가 탐구하는 태도를 기르는 데 필요한 가장 기초적인 성향을 갖추도록 하는 내용이다. 자신이 경험한 사물이나 현상에 대하여 단순히 호기심을 갖는 것에서 시작하여 끊임없이 궁금한 것을 찾아내고, 지속적으로 호기심을 유지하면서 자신의 궁금증을 해결하기 위해 구체적으로 알고자 하는 내용을 탐색한다. 유아가 자신과 주변 세계에 대하여 호기심을 나타내고 유지하고 확장하는 것은 탐구하는 태도 형성의 중요한 부분이 된다.

따라서 교사는 유아를 주의 깊게 관찰하고, 유아의 말에 귀를 기울여 유아가 관심을 갖는 사물이나 현상을 탐구할 수 있도록 한다. 또한 유아가 호기심을 갖는 사물이나 현상에 대해 적극적으로 관찰하고, 조사하고, 실험해 볼 수 있도록 다양한 크기의 돋보기와 실험 도구들을 포함한 물리적 환경을 구성해 준다. 유아가 궁금해 하는 내용을 스스로 탐색할 시간을 충분히 주어야 하며, 단순히 지식을 알려 주는 목적으로 언어적 상호 작용을 하지 않도록 유의한다.

#### 나) 탐구 과정 즐기기

'탐구 과정 즐기기'는 유아가 호기심을 느끼거나 궁금한 점을 알아보기 위해 탐색하고 탐구하여 발견해 가는 과정을 즐기도록 하는 내용이다. 유아는 또래 및 교사와 함께 여러 가지 방법을 사용하여 탐구하는 과정에 관심을 가지고 참여한다. 유아는 탐구하는 과정을 즐기면서 서로 다른 생각에 관심을 가지고 자신이 관찰한 사건이나 상황에 대해 점차 깊이 있게 받아들이고, 이를 올바르게 인식할 수 있는 능력과 태도를 갖게 된다.

따라서 유아가 궁금한 점을 알아볼 수 있는 방법에 대해 생각하도록 격려하고 자신이 고안한 방법으로 탐구하는 것을 즐길 수 있도록 충분한 시간을 제공한다. 유아가 고안한 방법에 오류가 있다 하더라도 교사는 직접적인 답을 주지 않고 유아가 오류를 변경할 수 있는 시간을 주도록 한다. 유아가 탐구하는 과정에서 처음 예측한 것과 실제 나타난 결과를 비교해 보도록 하여 자신이 생각한 가설과 결과가 다를 수 있음을 경험하게 한다.

### 다) 탐구 기술 활용하기

'탐구 기술 활용하기'는 유아로 하여금 주변의 사물과 자연환경을 지각하고 반복적으로 탐색하는 과정을 통해 문제를 탐구하는 방법을 익힐 수 있도록 하는 내용이다. 유아는 일상생활에서 접하는 문제 해결 과정에서 처음에는 탐색, 관찰, 비교 등의 기본적인 탐구 기술을 활용하여 궁금한 것을 알아 간다. 연령이 증가하면서 점차적으로 궁금한 문제를 해결하기 위해 기본적인 탐구 기술뿐만 아니라 예측, 실험, 의사소통 등의 좀 더 복잡한 탐구 기술을 활용해 볼 수 있다.

따라서 교사는 교실에서 일어나는 여러 가지 문제 상황에 유아가 관심을 갖도록 상호 작용하고, 문제를 해결하는 과정에서 탐색하고 관찰한 내용을 다양한 방법으로 표현해 보도록 도와야 한다. 교사는 유아가 탐구 과정에서 얻은 결과를 기초로 유사한 문제나 상황에서 해결 방법을 예측하고 추론하도록 한다. 또한 이미 알고 있는 지식을 이용하거나 새로 얻은 지식에 기초하여 앞으로 일어날 일을 미리 예측해 보게 한다.

3~5세를 위한 '과학적 탐구하기' 교육 내용을 자세히 설명하면 다음과 같다.

〈표 10〉 3세 누리과정 과학적 탐구하기의 과학교육 내용

| 내용 범주 | 내용 | 세부 내용 |
|---|---|---|
| 과학적 탐구하기 | 물체와 물질 알아보기 | 친숙한 물체와 물질의 특성에 관심을 갖는다. |
| | 생명체와 자연환경 알아보기 | 나의 출생과 성장에 대해 관심을 갖는다. |
| | | 주변의 동식물에 관심을 갖는다. |
| | | 생명체를 소중히 여기는 마음을 갖는다. |
| | 자연 현상 알아보기 | 돌, 물, 흙 등 자연물에 관심을 갖는다. |
| | | 날씨에 관심을 갖는다. |
| | 간단한 도구와 기계 활용하기 | 생활 속에서 간단한 도구와 기계에 관심을 갖는다. |
| | | 도구와 기계의 편리함에 관심을 갖는다. |

출처: 교육과학기술부(2012).

〈표 11〉 4세 누리과정 과학적 탐구하기의 과학교육 내용

| 내용 범주 | 내용 | 세부 내용 |
|---|---|---|
| 과학적 탐구하기 | 물체와 물질 알아보기 | 친숙한 물체와 물질의 특성을 알아본다. |
| | | 물체와 물질을 여러 가지 방법으로 변화시켜 본다. |
| | 생명체와 자연환경 알아보기 | 나의 출생과 성장에 대해 관심을 갖는다. |
| | | 관심 있는 동식물의 특성을 알아본다. |
| | | 생명체를 소중히 여기는 마음을 갖는다. |
| | | 생명체가 살기 좋은 환경에 대해 관심을 갖는다. |
| | 자연 현상 알아보기 | 돌, 물, 흙 등 자연물의 특성과 변화를 알아본다. |
| | | 날씨와 기후 변화에 관심을 갖는다. |
| | 간단한 도구와 기계 활용하기 | 생활 속에서 간단한 도구와 기계를 활용한다. |
| | | 도구와 기계의 편리함에 관심을 갖는다. |

출처: 교육과학기술부(2012).

〈표 12〉 5세 누리과정 과학적 탐구하기의 과학교육 내용

| 내용 범주 | 내용 | 세부 내용 |
|---|---|---|
| 과학적 탐구하기 | 물체와 물질 알아보기 | 주변의 여러 가지 물체와 물질의 기본 특성을 알아본다. |
| | | 물체와 물질을 여러 가지 방법으로 변화시켜 본다. |
| | 생명체와 자연환경 알아보기 | 나와 다른 사람의 출생과 성장에 대해 알아본다 |
| | | 관심 있는 동식물의 특성과 성장 과정을 알아본다. |
| | | 생명체를 소중히 여기는 마음을 갖는다. |
| | | 생명체가 살기 좋은 환경과 녹색 환경에 대해 알아본다. |
| | 자연 현상 알아보기 | 돌, 물, 흙 등 자연물의 특성과 변화를 알아본다. |
| | | 낮과 밤, 계절의 변화와 규칙성을 알아본다. |
| | | 날씨와 기후 변화 등 자연 현상에 대해 관심을 갖는다. |
| | 간단한 도구와 기계 활용하기 | 생활 속에서 간단한 도구와 기계를 활용한다. |
| | | 변화하는 새로운 도구와 기계에 관심을 갖고 장단점을 안다. |

출처: 교육과학기술부(2012).

### ② 과학적 탐구하기

#### 가) 물체와 물질 알아보기

'친숙한 물체와 물질의 특성에 관심을 갖는다.'는 유아가 주변에서 쉽게 발견할 수 있는 친숙한 물체나 물질의 크기, 모양, 색, 냄새, 소리, 질감과 같은 기본적 특성에 관심을 가지고 자연스럽게 탐색해 보도록 하는 내용이다. 3세 유아는 생활 속에서 사용되는 물체와 물질에 대해 탐색하는 것을 즐긴다. 그러므로 유아에게 익숙한 여러 가지 물체나 물질을 제공해 주어 특성에 관심을 갖도록 한다. 예를 들어, 크기와 색, 질감이 다른 다양한 공을 보여 주고 공을 탐색하면서 공의 특성에 관심을 갖게 한다.

'친숙한 물체와 물질의 특성을 알아본다.'는 유아가 친숙한 물체나 물질에 대해 지속적으로 관심을 갖고 경험하면서 자연스럽게 물체나 물질의 특성을 알아보는

것에 대한 내용이다. 4세 유아는 물체나 물질에 관심을 갖는 것에서 더 나아가 물체나 물질의 크기, 색, 모양, 질감 등과 같은 특성을 구체적으로 알고자 한다. 그러므로 주변에서 익숙하게 볼 수 있는 자석이나 구슬과 같은 물체나 밀가루 반죽과 같은 물질 등을 가지고 놀이하면서 물체나 물질이 가지고 있는 기본적인 특성을 알아볼 수 있다.

'주변의 여러 가지 물체와 물질의 기본 특성을 알아본다.'는 유아가 관심 영역을 주변의 다양한 물체와 물질로 확대하여 기본적인 특성을 구체적으로 알아보는 내용이다. 5세 유아는 4세 시기에 탐색한 물체와 물질의 범위를 더 넓혀 다양한 방법으로 기본적 특성을 알아 가게 된다. 유아는 주변에서 새롭게 접한 물체와 물질에 대해서도 궁금해 하며 세부적인 특성을 알아볼 수 있다. 예를 들어, 밀가루 반죽을 만들 때 밀가루의 기본적인 특성을 아는 것과 더불어 물을 넣어 밀가루 반죽으로 변화되는 과정에서 밀가루 반죽의 끈적거리는 것과 같은 세부적인 특성을 알 수 있다.

'물체와 물질을 여러 가지 방법으로 변화시켜 본다.'는 유아가 자신에게 친숙해진 물체나 물질을 여러 가지 방법으로 변화시켜 봄으로써 물체와 물질의 기본 속성을 보다 적극적으로 탐색하도록 하는 내용이다.

### 나) 생명체와 자연환경 알아보기

'나의 출생과 성장에 대해 관심을 갖는다.'는 유아가 자신의 몸에 대해 흥미를 가지면서 출생과 성장 과정에 궁금증을 갖고 알아보는 것을 돕는 내용이다. 3, 4세 유아는 자신의 몸을 탐색하면서 신체의 이름과 위치, 기능에 관심을 갖게 되고, 점차적으로 출생과 성장에 대해서도 알고 싶어 한다. 특히 자신이나 친구의 동생이 태어났을 때 자연스럽게 출생과 성장에 대해 관심을 갖게 되므로 출생해서 성장하는 과정에 대한 사진이나 동영상 자료 등을 통해 출생과 성장에 대한 관심을 확장시킬 수 있다.

'나와 다른 사람의 출생과 성장에 대해 알아본다.'는 유아가 자신과 다른 사람이 어떻게 출생하여 성장해 가는지를 알아보고, 과거와 현재를 비교하며 미래를 예측해 보도록 하는 내용이다. 5세 유아는 현재 자신의 신체 조건을 출생 시와 비교하면서 성장의 의미를 이해하고, 변화의 개념을 알아 간다.

그러므로 출생 시의 몸무게와 키에 대한 여러 가지 자료를 통해 현재 자신의 신체 조건과 비교해 보고, 앞으로 더 성장하는데 필요한 기본 조건인 음식과도 관련지어 보는 내용을 포함할 수 있다. 더불어 다른 사람의 신체 조건 및 성장 과정과도 비교해 볼 수 있다.

'주변의 동식물에 관심을 가진다.'는 유아가 주변에 있는 여러 가지 동식물에 관심을 갖고 탐색하는 것을 돕는 내용이다. 3세 유아는 주변의 동식물에 관심을 가지게 되면, 만져 보거나 상호 작용하기를 원한다. 따라서 유아가 동식물에 대해 관심을 가질 때 단편적인 지식을 알려 주기보다는 직접 먹이 주기, 자세히 관찰하기와 같은 방법을 통해 계속 관심을 가지고 돌보는 과정을 다룬다.

'관심 있는 동식물의 특성을 알아본다.'는 유아가 관심을 가지고 있는 동식물을 직접 길러 보거나 관찰하면서 동식물의 이름과 생김새, 습성, 사는 곳 등의 특성을 알아 가도록 돕는 내용이다. 4세 유아는 자신이 관심을 갖는 동식물의 특성에 대해 적극적으로 조사하고 탐색하고 싶어 한다. 그러므로 동물원과 식물원의 견학, 동식물 전문가와 이야기 나누기, 인터넷 검색 등의 직·간접적인 경험을 통해 유아들이 궁금했던 특성과 정보를 알아보는 내용을 다룰 수 있다.

'관심 있는 동식물의 특성과 성장 과정을 알아본다.'는 유아가 관심을 가지고 있는 동식물을 관찰하고 기르면서 동식물의 특성과 성장하는 과정을 알아 가는 것에 중점을 두는 내용이다. 5세 유아는 관심 있는 동식물의 특성뿐만 아니라 성장 과정에 대해서도 궁금해 하며 알아보고자 한다. 여러 가지 동식물의 특성과 성장 과정을 알아보는 것은 교사가 다양한 동식물에 대한 구체적인 지식을 제공해 주는 것이 아니라, 유아가 관심 있는 동식물을 주변 환경에서 직접 경험하고, 길러 보며, 성장하는 과정을 계속 지켜보며 알아 가는 형태이다.

'생명체를 소중히 여기는 마음을 갖는다.'는 유아가 다양한 생명체의 종류가 있음을 알고 모든 생명체는 서로 영향을 주고받는 존재라는 것을 인식하며, 생명을 존중하고 돌보는 마음을 가질 수 있도록 하는 내용이다. 3~5세의 유아는 생명체에 대하여 자연스러운 친근감과 흥미를 가지고 있기 때문에 유아기부터 생명체에 대한 올바른 인식을 가지고, 단순한 지적 호기심의 충족을 넘어서서 함께 공존하고 존중할 수 있는 마음을 길러 주는 것이 필요하다. 유아가 동식물의 관점을 잘 표현한 그림책을 읽거나 동식물의 입장이 되어 보는 극놀이를 하면서 생명체의 관점을 이해하고 소중히 여기는 마음을 가질 수 있게 하는 내용도 다룰 수 있다.

'생명체가 살기 좋은 환경에 대해 관심을 갖는다.'는 생명체가 살아가기에 적절한 환경에 대한 이해를 도모하는 내용으로, 모든 생명체는 환경과 밀접한 관계를 가지고 있음을 인식하는 것을 포함한다. 유아가 생명체에 대해 소중히 여기는 마음을 가지게 되면 자연스럽게 생명체가 살기 좋은 환경에 대해서도 관심을 가지게 된다. 그러나 주변의 환경은 생물체가 살기 좋은 환경과 동시에 생명체에게 해로운 오염된 환경의 모습도 가지고 있다. 4세 유아가 생물체가 살기 좋은 환경의 중요성을 깨닫고, 주변의 환경에 관심을 가지고 탐색할 수 있는 내용을 중점적으로 다루도록 한다.

'생명체가 살기 좋은 환경과 녹색 환경에 대해 알아본다.'는 유아가 환경의 중요성을 인식하고, 생명체가 살기 좋은 환경과 녹색 환경에 대해 구체적으로 알아보는 내용이다. 5세 유아는 환경 친화적 태도를 형성할 수 있는 중요한 시기로 인간이 생물체에게 이롭거나 해로운 방식으로 환경을 변화시킬 수 있음을 알 수 있다. 그러므로 유아가 온실가스 배출로 인해 생긴 지구 온난화 문제에 대해 관심을 갖고, 오염된 환경을 깨끗한 녹색 환경으로 변화시키기 위한 다양한 방법에 대해 알아보도록 한다. 예를 들어, 자동차에서 나오는 배기가스나 더러운 폐수를 관찰하고 이야기 나누기, 물 아껴 쓰기, 쓰레기 분리수거하기, 음식물 쓰레기 줄이기 등 녹색 환경을 만드는 내용을 다룰 수 있다.

### 다) 자연 현상 알아보기

'돌, 물, 흙 등 자연물에 관심을 갖는다.'는 유아 주변에 있는 돌이나 물, 흙과 같은 자연물에 관심을 가지고 오감을 통해 탐색하는 내용이다. 유아가 살고 있는 세계에는 돌, 물, 흙 등의 여러 가지 자연물이 있으며, 유아는 본성적으로 자연물을 탐구하고자 하는 성향을 가지고 태어난다. 따라서 3세 유아가 주변에 있는 돌, 물, 흙과 같은 자연물에 관심을 가지고 놀이할 수 있도록 다양한 경험을 제공하고, 자연물과 자연에 대해 관심을 유지하고 확장시킬 수 있도록 한다.

'돌, 물, 흙 등 자연물의 특성과 변화를 알아본다.'는 유아가 주변에서 경험하게 되는 돌, 물, 흙과 같은 자연물의 모양, 냄새, 소리, 질감 등의 특성을 파악해 보도록 하고, 계절이나 시간의 경과에 따라 자연물들의 상태가 어떻게 변화하는지를 알아보는 내용이다. 4, 5세 유아는 자연물을 직접 관찰하고 탐색할 수 있는 충분한 시간을 가지는 것이 필요하다. 유아는 주변의 여러 장소에 있는 물과 흙, 돌을 비교하면서 자연물이 시간이나 장소에 따라 변화할 수 있다는 것을 능동적으로 알아볼 수 있다.

'낮과 밤, 계절의 변화와 규칙성을 알아본다.'는 유아가 낮과 밤, 계절이 순환적으로 변화하는 자연 현상을 경험하고 일련의 규칙성을 알아보는 내용이다. 5세 유아에게 낮과 밤의 변화는 일상생활에서 매일 경험하는 현상이므로 낮과 밤에 사람들이 하는 일, 낮과 밤의 하늘이나 주변 환경의 변화를 정기적으로 관찰함으로써 변화의 순서를 확인하고 변화 속에서 일정한 패턴을 찾는 것에 중점을 둔다. 만약 지속적인 탐색 과정에서 유아가 낮과 밤, 계절이 변화하는 원인에 관심을 갖게 된다면 인터넷이나 동영상 자료 등을 활용하여 구체적으로 알아볼 수 있다.

'날씨에 관심을 갖는다.'는 유아가 일상적으로 경험하는 다양한 날씨에 관심을 가지고 탐색하는 내용이다. 날씨는 매일 변하기도 하고, 계절에 따라 달라지기도 하여 3세 유아들이 호기심을 가지고 관찰할 수 있는 유용한 경험이 될 수 있으므로 감각을 통해 직접 다양한 날씨를 경험할 수 있도록 한다. 유아가 맑은 날, 바람이 부는 날, 비가 오는 날, 눈 오는 날의 날씨에 맞는 옷과 용품을 선택한 후 바깥으로 나가서 직접 경험하고, 이야기를 나누며 날씨에 관심을 가지도록 하는 내용을 포함할 수 있다.

'날씨와 기후 변화에 관심을 갖는다.'는 유아가 날씨뿐만 아니라 계절에 따라 달라지는 기후에도 관심을 가지고 탐색하는 내용이다. 4세 유아는 생활 속에서 직접적으로 느끼는 매일의 날씨 변화와 계절별로 나타나는 특징적인 기후를 인식하고 관심을 갖는다. 계절에 따른 기온의 변화, 일교차가 큰 봄과 가을, 습하고 더우며 비가 많은 여름, 춥고 건조하며 눈이 내리는 겨울과 같이 계절별로 달라지는 기후에 대해 유아가 지속적으로 관심을 가지도록 하는 것에 중점을 둔다.

'날씨와 기후 변화 등 자연 현상에 대해 관심을 갖는다.'는 유아가 매일의 날씨, 계절의 변화에 따른 기후 및 이와 관련된 다양한 자연 현상에도 관심을 가질 수 있도록 하는 내용이다. 5세 유아는 날씨와 계절별 기후의 변화를 경험하면서 황사, 가뭄과 홍수, 태풍, 한파, 폭설과 같은 자연 현상에 대해 관심을 가지게 된다. 또한 지구 온난화에 따른 기후 변화와 같은 자연 현상으로도 관심을 확장할 수 있게 된다.

### 라) 간단한 도구와 기계 활용하기

'생활 속에서 간단한 도구와 기계에 관심을 갖는다.'는 유아가 주변에서 쉽게 볼 수 있는 간단한 도구나 기계에 관심을 가지도록 하는 내용이다. 유아는 일상생활 속에서 요리 도구나 청소기, 세탁기, 컴퓨터와 같은 기계들이 사용되는 것을 쉽게 접하고 있다. 그러나 이와 같은 도구나 기계는 3세 유아가 직접 사용하여 경험한 것은 아니므로 유아가 매일 다루는 지퍼나 단추, 가위와 같은 아주 간단한 도구에 대한 관심부터 이끌어 내고, 점차적으로 생활 속에서 사용되는 다양한 도구와 기계에 대해 관심을 갖도록 한다.

'생활 속에서 간단한 도구와 기계를 활용한다.'는 유아가 간단한 도구와 기계를 직접 사용해 보는 경험을 통해 도구와 기계를 활용하는 능력을 기르게 하는 내용이다. 4, 5세 유아는 주변에서 자주 볼 수 있는 여러 가지 도구와 기계를 직접적으로 사용하고 싶어하므로 요리 활동에서 간단한 요리 도구를 다루어 보거나 미용실 놀이를 통해 미용 가위나 빗 같은 도구를 사용해 볼 수 있다. 또한 카메라를 사용하여 직접 사진을 찍어 보거나 컴퓨터를 사용하여 궁금한 내용을 조사하는 등 생활 속에서 필요한 도구와 기계를 활용하는 능력을 기를 수 있다. 이와 함께 이 시기의 유아는 매우 간단한 도구나 놀잇감을 여러 가지 방법으로 만들어 사용하는 경험을 통해 도구를 수동적으로 사용하는 것뿐 아니라 도구 개발의 주체가 되는 경험을 할 수 있다.

'도구와 기계의 편리함에 관심을 갖는다.'는 유아가 주변에서 쉽게 접하게 되는 도구와 기계를 직접 활용하면서 도구와 기계의 편리함에 관심을 가지게 하는 내용이다. 3, 4세 유아는 도구와 기계가 우리의 생활에 어떠한 도움을 주고 있는지 직접 사용해 보면서 인식할 수 있다. 예를 들어, 가위를 사용하여 물건을 쉽게 자르거나 녹음기로 소리를 녹음해 필요할 때마다 재생해 듣거나 또는 엘리베이터를 이용하여 높은 층으로 쉽게 이동하는 경험 등을 통해 도구와 기계의 편리함에 관심을 가질 수 있다.

'변화하는 새로운 도구와 기계에 관심을 갖고 장단점을 안다.'는 첨단 과학 기술의 발달로 새로운 도구와 기계가 계속 등장하게 됨으로 유아가 새롭게 개발되는 도구나 기계에 관심을 가지고 장단점을 알아 가도록 하는 내용이다. 5세 유아는 생활에 많은 도움을 주고 있는 컴퓨터나 스마트폰, 로봇과 같은 새로운 도구와 기계에 많은 관심을 가지고 있으므로 직접 작동 과정을 탐색하고 활용해 보면서 편리함을 인식할 수 있다. 동시에 도구와 기계를 올바르게 사용하지 못하면 오히려 해가 될 수 있음을 아는 것도 필요하다. 예를 들어, 현재 우리 생활에 지대한 영향을 주는 컴퓨터는 적절히 사용한다면 다양한 정보를 빠르게 제공해 주는 장점이 있으나, 잘못 사용하거나 장시간 지속적으로 사용하게 되면 몸에 해를 미칠 수 있다는 내용을 함께 다룬다.

5장

# 아동과학지도의 교수 방법

## 1. 아동과학지도의 탐구 방법

여기서는 과학 탐구 방법으로 관찰하기, 분류하기, 측정하기, 예측하기, 추론하기, 토의하기(의사소통하기), 실험하기, 탐구 결과의 기록 및 전달하기, 창안하기의 방법에 대해 살펴보도록 한다.

### 1) 관찰하기

관찰은 주의 깊게 사물을 세밀하게 살펴보는 활동이다. 집중하여 사물을 관찰하는 것은 과학적 탐구의 가장 기본적인 방법이며, 관찰은 관찰한 것을 정확하게 묘사하는 것까지를 포함한다.

지각이 정확한 유아지만 때로는 시선을 향해도 구체적인 것을 보지 못할 때도 있다. 그러므로 가끔 유아가 중요한 세부 사실에 지각의 방향을 집중할 수 있도록 방향 제시를 할 필요가 있다.

좋은 관찰은 분명한 것뿐만 아니라 포착하기 힘든 것도 포착하는 것을 의미한다. 유아가 해석을 위해 좋은 지각을 하려면 관찰 시 의미 있는 세부 사항에 집중을 많이 해야 한다. 교사는 유아기에 목적한 정보 수집을 위해 모든 감각을 사용할 줄 아는 기본 관찰 능력이 길러지도록 유의해야 한다. 유아는 감각을 사용하여 사물을 보고, 듣고, 냄새 맡고, 만져 보고, 맛 보는 동안 사물의 유사성과 차이점, 관계 등을 더 예민하게 관찰하고 변별할 수 있다.

교사가 유아의 관찰 능력을 좀 더 발달하도록 지도하는 가장 좋은 방법은, 자료와 도구의 기본 속성에 대한 유아의 민감성을 기를 수 있도록 교실을 구성하는 것이다. 예를 들어, 교실의 테라리움 옆에 돋보기를 준비하여 좀 더 정확한 정보를 얻도록 도울 수 있다. 또한 교실에 비치는 햇빛을 다른 시간에 관찰하도록 장려하여 그림자로 어떻게 시간을 확인할 수 있는지 질문을 할 수도 있다.

또 교사는 교실 밖으로 나가 근처의 공원이나 숲으로 산책을 가서, 유아들이 자연의 여러 가지 현상을 관찰하고 발견하도록 이끌 수 있다.

### 2) 분류하기

분류하기란 물건을 가려내는 것으로, 자연의 현상이나 사물을 어떤 특정한 기준에 따라 나누는 것이다.

분류는 우리가 관찰한 것을 정리하도록 도우며, 우리 주변 세계를 단순화시켜 준다. 유아는 단순한 물리적 속성에 기초하여 수집된 것을 분류하는 것에서 많은 기쁨을 느낀다. 유아는 한 가지 특징, 즉 크기·모양·색과 같은 하나의 물리적 속성만 고려하는 것이 아니라 여러 가지 속성을 고려하여 물체를 분류할 수 있게 되고, 좀 더 후에는 물리적 속성보다 기능에 의해 물체를 분류하게 된다.

교사는 유아에게 크기·모양·색 등의 준거에 의한 분류를 제안하기보다 자신만의 독특한 준거를 사용하여 분류할 수 있도록 개방적인 분위기를 제공해야 하며, 이러한 활동이 일상의 경험을 통해 이루어질 수 있도록 해야 한다(정연희, 2017).

유아가 관찰을 계속하면서, 분류의 기준을 찾아내어 분류하는 경험을 할 수 있도록 교사는 "이것과 저것은 어떤 점이 같으니? 어떤 점이 다르니? 같은 것끼리 나누어 볼 수 있을까?"라고 질문하여 분류 경험을 격려해 줄 수 있다. 또 유아가 한 가지 분류 기준에 의해서 분류하고 그칠 때 교사는 "이 블록을 색 이외의 다른 것으로 나누어 볼 수 있을까?"라고 질문하여 여러 가지 다른 분류 기준을 고려해 볼 수 있는 기회를 갖도록 한다. 이때 유아가 분류한 후에 어떤 기준으로 분류했는지를 언어로 이야기해 보게 한다.

### 3) 측정하기

측정이란 사물의 길이, 무게, 부피 등을 수량화하는 것을 말한다. 측정의 방법은 표준화된 자나 저울 등을 사용해서 수와 단위로 표시하는 방법이 있다.

유아들은 실제적인 측정 단위의 사용보다는 자신의 신체를 사용하여 '한 뼘', '두 뼘' 식으로 임의적인 측정 단위를 만들어 사용한다(정연희, 2017). 유아들은 임의 단위를 설정하여 측정하는 것으로부터 시작하여 점차적으로 표준화된 단위를 이해하고 활용할 수 있도록 해야 한다.

이처럼 측정은 신체, 사물, 다양한 도구들을 사용하여 여러 가지 물체의 무게, 길이, 크기, 양 등을 재 보는 활동이다. 측정을 위해 손, 발, 클립, 블록 등과 같은 비표준화된 도구를 사용하거나 줄자, 양팔 저울, 비커와 같은 표준화된 도구를 사용하는 과정을 거친다.

### 4) 예측하기

예측하기란 현재 알고 있는 지식이나 관찰을 토대로 관찰할 수 없는 상황을 미리 짐작하는 것이다. "만약, ~하면 어떤 일이 생길까?"라는 질문을 하는 것이 바로 유아들의 예측하기를 격려하는 말이다. 이러한 질문은 유아들로 하여금 탐구의 대상을 좀 더 면밀히 관찰하도록 하며, 또한 '만약, ~하면.'에 해당하는 어떤 조작을 해 보도록 이끈다.

### 5) 추론하기

추론하기란 어떤 결과를 관찰하고 이러한 결과의 원인을 되짚어 설명하는 것을 말한다. 일반적으로 추론하기는 유아들에게는 어려운 것이 많다.

추론하기는 주어진 문제를 해결하기 위해 기존의 정보나 지식을 서로 관련짓거나 재구성하여 논리적으로 타당한 결론을 이끌어 내는 과정(박경옥, 2003)으로, 어떤 결과를 관찰하고 결과가 나타난 원인을 밝혀 내는 기술을 의미한다. 추론은 관찰을 통해 얻은 정보를 자신의 사전 지식과 경험에 기초하여 해석하는 것이다(유연화 외, 2015).

교사는 유아가 예측한 대로 결과가 나와야 한다고 생각해서는 안 되며, 유아가 자유롭게 탐색과 실험을 할 수 있도록 허용해야 한다. 추론(inferring)은 인과 관계를 직접적으로 관찰할 수 없는 상황에서 사건의 원인을 알아 내는 기술을 말한다. 즉, 추론은 간접적 방법을 통해 결론에 도달하는 것이다. 예를 들어, 우리는 창문을 통해 나뭇잎이 움직이는 것을 보았을 때 '바람이 분다.'는 것을 추론할 수 있다. 우리는 바람을 직접 경험하지는 않았지만 관찰과 사전 지식 및 경험에 의해 바람이 분다는 것을 알수 있다. 또한 밖으로 나가 걸어 봄으로써 바람이 분다는 자신의 추론이 맞았는지 확인할 수 있다. 즉, 추론은 증거에 기초해서 결론을 내는 기술로, 대부분의 경우 추상적인 사고를 요한다. 또한 예측이 아직 일어나지 않은 사건을 대상으로 하는데 비하여, 추론은 이미 일어난 일의 원인을 설명한다는 점에서 예측과 차이가 있다(한유미, 2010).

### 6) 토의하기(의사소통하기)

과학 활동을 하면서 관찰하고 가설을 설정해 본 것에 대해 유아는 친구나 교사와의 언어적 상호 작용을 통해서 과학 활동에 필요한 정보를 요청하고, 행동적 도움을 요청하고, 동의를 구하고, 방법을 제안하고, 특징을 설명하고, 도구의 명칭을 이야기하며 이해를 높혀 나갈 수 있다.

의사소통은 실험 주제를 결정하기 위한 토의에서부터 실험 준비 및 절차 계획, 실험 과정 중의 상호 작용, 실험 후 결론을 도출하는 단계까지 폭넓게 일어난다. 따라서 의사소통은 과학 학습의 각 단계를 이어 주는 매개체와 같은 역할을 하며, 유아는 각 단계에서 원활한 의사소통을 통해 보다 나은 과학 활동을 경험하며 자신의 과학적 사고를 명확하게 정리할 수 있게 된다. 예측이 옳았는지 틀렸는지는 관찰이나 실험을 통해서 결정되지만 예측의 진위 자체는 별로 중요하지 않으며, 오히려 예측이 틀린 경우가 교육적으로 더 가치 있다(한유미, 2010).

### 7) 실험하기

유아는 예측한 가설을 검증하기 위해 실험을 할 수 있다. 자료와 도구를 사용하여 직접 실행해 봄으로써 가설의 옳고 그름을 알아볼 수 있다.

가설을 검증하기 위해 실험을 실시할 때 유의할 점은 다음과 같다.

첫째, 유아의 과학 활동 실험을 계획할 때 유아가 흥미를 느끼는 것으로 선택하고 계획에 유아가 직접 참여하게 한다.

둘째, 가능하면 유아가 자료를 직접 조작하여 탐색하도록 한다. 교사는 유아의 자발적 과학 실험을 자극하고, 유아가 시행착오를 거쳐 스스로 답을 찾아가도록 지지하고 기다려 준다.

셋째, 교사는 유아를 도와 실험 자료를 제공하고, 유아가 스스로 자신에게 필요한 질문을 생각해 내도록 자극한다. 또 교사는 유아가 질문할 때를 기다려 적절한 대답을 해 주어야 한다.

넷째, 과학 실험의 결과물을 그림이나, 사진으로 찍어서 기록한다. 유아가 기록하는 것을 교사가 도와주고, 결과물을 다른 유아에게 설명하는 기회를 제공한다. 또는 실험 결과물을 게시판에 게시한다.

## 8) 탐구 결과의 기록 및 전달하기

유아들이 탐구 결과를 기록하고 전달하기를 통해서, 첫째로 개념과 관계에 관한 지식이 정확히 기록되었음을 확인할 수 있고, 둘째로 다른 사람과 발견한 것을 공유할 수 있다.

결과의 기록은 그림이나, 그래프, 책 등으로 표현할 수 있다.

유아는 실험 과정, 사용 물체, 얻어진 결과 등을 설명하기 위해 그림을 그려 기록하기도 한다. 어린 유아는 자신에게 가장 일상적인 것만 기록하나 큰 유아는 전체 순서를 다 그림으로 그릴 수 있을 것이다.

그래프는 일어난 변화를 기록한다. 단순한 현상에 대한 막대 그래프가 먼저 사용될 수 있다. 예를 들면, 빛의 양에 따른 식물의 성장 차이 그래프 같은 것을 들 수 있다. 이후에 유아는 한 주간의 식물 성장에 대하여 교육적 추측을 사용하는

데에 그래프를 사용할 수 있다. 또 관찰한 결과 그림이나 사진을 찍어서 책으로 꾸며 기록할 수도 있다.

기록을 가장 쉽게 하는 방법으로 직접적 물체를 사용한 기록이 효과적이다. 예를 들면, 두 그릇에 '뜨는 것', '가라앉는 것'의 표시를 글씨와 그림을 사용하여 붙여 놓고 유아에게 적절한 물체를 그릇에 분류해 넣게 하는 것 등을 들 수 있다.

### 9) 창안하기

창안하기는 유아들이 상상력과 창의력을 이용하여 새로운 것을 만들어 내는 활동이다. 창안하기의 일반적 방법으로 새로운 아이디어 내기, 문제 해결하기, 구상하기, 만들기 등을 들 수 있다.

자신이 창안한 새로운 아이디어를 직접 활동으로 전개한다. 예를 들어, 유아가 미술 활동에서 우주선을 만들고자 할 때는 어떤 재료를 사용해서 어떤 모습으로 만들 것인지를 창안해 실제 우주선을 만드는 활동을 실시할 수 있다.

또 문제 해결을 위해 지금까지 가졌던 생각과는 다른 새로운 해결 방법을 창안해서 시도해 볼 수도 있다. 이렇게 새로운 것을 창안할 때 유아는 자신이 가진 경험과 지식 모두를 사용하는데, 이것이 발명의 시초가 되는 것이다.

## 2. 아동과학지도의 교수 접근 방법

아동을 위한 과학교수 방법은 유아가 스스로 발견하도록 하고, 유아가 탐구하고 실험해 보는 과정에서 성취감을 맛볼 수 있도록 기회를 제공하는 방법이어야 한다.

유아과학교육을 위한 일반적인 교수-학습 원리를 살펴보면 다음과 같다(김현경 외, 2014).

(1) 유아의 흥미와 발달 수준에 맞춘다.

유아는 일상생활에서 경험한 것이나 관련된 활동에 대해 흥미를 느낄 때 의미 있게 참여하게 되므로 유아의 흥미와 경험을 사전에 조사하여 유아의 호기심과 흥미를 자극할 수 있는 환경이나 활동을 준비해야 한다.

연령이 어린 유아를 위한 과학 활동은 교사 주도적인 교수법을 적용함으로써 유아의 흥미에 적절한 환경과 자료를 준비하여 활동을 이끌 수 있다. 유아의 직접적이고 의미 있는 참여가 이루어지도록 교수-학습 계획을 잘 세움으로써, 가능하면 자발적인 참여가 이루어질 수 있게 개입의 정도를 세심하게 조절하는 것이 필요하다.

(2) 과학 활동은 유아가 직접 조작하거나 경험할 수 있는 활동으로 선정한다.

유아가 직접 만져 보거나 관찰한 것을 이야기하게 하거나 교사의 시범대로 다시 해 보도록 하는 등 가능한 한 여러 감각 기관을 활용할 수 있도록 다양한 교수-학습 방법을 사용하고, 여러 감각 기관을 사용하도록 발문을 하거나 제안하여 유아의 직접적 참여와 조작을 촉진한다.

(3) 인지적 갈등을 경험하고 능동적으로 활동에 참여하도록 적절한 환경과 풍부한 자료를 준비한다.

유아가 기존에 형성된 개념에 대한 갈등을 일으킬 수 있을 정도로 풍부한 탐구 환경을 제공해 주어, 과학 활동 과정을 통해 이전과 다른 새로운 개념이 형성 될 수 있도록 도와주어야 한다. 유아가 이미 알고 있었던 것에 대한 의문이 생기고 그 의문을 풀기 위한 활동을 과학하는 과정이라고 볼 때, 풍부한 자료는 유아 스스로 과정을 진행시키는데 유용한 아이디어를 얻을 수 있도록 돕는다.

(4) 과학 활동의 과정마다 적절한 발문을 하여 사고력을 확장시킨다.

교육 목적이 있는 질문을 구분하여 '발문'이라 명명하는데, 과학 활동의 진행 과정에서 교사가 하는 적절한 발문은 유아가 사고할 수 있게 하는 자극이 되고 창의적으로 탐구하도록 격려해 주는 역할을 한다.

(5) 과학의 과정을 다양하게 경험할 수 있도록 한다.

관찰하기, 비교하기, 측정하기, 분류하기, 실험하기, 토론하기, 예측하기, 추론하기, 창안하기, 과학적 개념 이해하기 등 과학하는 방법을 다양하게 적용하여 과학 활동을 할 수 있도록 한다.

(6) 일과를 통해 과학적 탐구 활동이 통합적이고 다양하게 이루어지도록 한다.

과학 활동은 자유로운 선택 시간이나 과학 영역에서만 진행되는 것이 아니라 일과 중의 대소집단 시간에도 이루어질 수 있다. 음악 영역에서 창작 음악에 맞춰 나비의 생애를 표현해 볼 수 있고, 쌓기 영역이나 조작 영역에서 블록이나 퍼즐 조작으로 분류 활동을 하거나 바깥놀이 시간에 물놀이를 하면서 측정 활동이나 물체의 혼합과 같은 과학 실험 활동을 할 수 있다.

(7) 자유롭게 탐색, 탐구하도록 자유를 준다.

유아는 실수를 겪으면서 실수를 인정하고 다른 대안을 찾거나 사고를 다양하게 하는 방법을 터득하게 된다. 이러한 사고 과정을 거치는 것은 유아의 사고력 촉진에도 효과적이며 도전감과 자신감을 길러 준다. 자유로운 탐색을 하고 대안을 찾도록 하기 위해서 다양한 재료를 제공할 뿐 아니라 최소한의 규칙을 지키도록 하고, 편안한 마음으로 마음껏 탐색하도록 수용적 태도를 보여 주는 것도 중요하다.

(8) 과학 활동의 특성과 유아의 성숙 및 발달 수준에 따라 활동의 유형을 다양하게 한다.

과학 활동의 교수 학습 방법을 선택할 때는 활동 특성과 내용에 따라 적절한 것을 적용해야 하는데, 한 가지 활동에 한 가지 접근법만을 적용할 필요는 없다. 설명·시범식 교수법으로 일반적 과학 개념을 시범 보이면서 설명한 후 개념을 적용하는 단계에서 유아가 직접 조작하고 실험하는 접근법을 적용할 수 있고, 탐구·조사적 교수법으로 자료를 모아 실험을 거쳐 확인해 보는 접근법을 적용할 수도 있다.

## 3. 아동과학지도를 위한 교사의 역할

### 1) 환경 제공자로서의 교사

아동과학지도는 물질의 세계를 탐구의 대상으로 가지고 있으므로 유아들이 호기심을 가지고 보고, 만지고, 조작할 수 있는 풍부한 과학적 소재를 제공해야 한다. 과학적 활동과 자료는 교실에 과학 활동 영역을 설치해서 과학 활동을 실시할 수 있는 공간과 상황을 준비해 주는 것이 효율적이다.

또한 물리적 환경만이 아니라, 유아들이 편안한 분위기에서 마음껏 탐색할 수 있는 허용적인 정서적 환경을 제공하는 것도 교사의 역할이다.

환경 제공자로서의 교사의 역할을 제시하면 다음과 같다.

첫째, 영유아의 활동을 촉진시킬 수 있는 과학 영역을 구성한다. 과학 영역은 영유아의 과학적인 흥미를 증진시킬 수 있도록 구성하고, 세부적으로 과학 영역, 물 영역, 실외 놀이 영역으로 구분하여 과학 활동을 준비한다.

둘째, 과학 활동에 필요한 자료들은 활동 주제별로 선별하여 수집한다. 과학 영역에 영유아의 흥미와 발달 단계에 맞는 도구와 자료들을 제공하여 교실 내에서 자유롭게 사용할 수 있도록 한다. 대부분의 과학 활동은 주제에 따라 다양한 자료를 필요로 하지만 기본적으로 과학 영역에 갖추어야 할 자료는 과학 서적, 필름, 슬라이드, 비디오, 녹음기와 테이프, 각종 그림 자료, 사진 자료 등이다.

셋째, 과학 활동을 위해 필요한 도구와 자료를 준비하고, 이 도구와 자료를 교실 내외에 배치한다(신은수 외, 2006).

### 2) 안내자로서의 교사

유아가 호기심을 가지고 과학 활동을 통한 탐색을 할 때 교사는 유아가 의미 있는 결과와 개념을 형성하도록 돕고 안내할 수 있다.

교사가 유아 주도의 활동을 안내할 때는 교사와 유아, 유아와 유아들 간의 토의를 함으로써 유아의 개념 형성을 도울 수 있고, 유아들이 필요할 때 개입하여 과학적 암시를 줌으로써 유아들의 탐색 활동을 안내할 수 있다.

교사는 유아들이 탐색을 시작할 때 "왜 그렇까? 모양은 어떻게 생겼니? 어떻게 하면 될까?"라고 하며 유아가 활동에 흥미를 갖도록 이끌 수 있다.

또 유아가 탐색을 하다가 새로운 아이디어가 나오지 않을 때, 교사는 활동에 자연스럽게 개입하여 과학적 암시를 할 수 있다. 예를 들어, "이렇게 해 보면 어떨까?", "이 자료를 다르게 사용해 보면 어떨까?"라고 하며 시범을 보이거나, "이것은 이렇게 하면 된다."라며 간단한 과학적 사실을 알려 주어, 유아의 흥미를 끌 수도 있다. 또한 유아의 탐색 과정을 관찰하며, "재미있는 것을 발견했구나!", "왜 그렇게 되었는지 선생님에게 이야기해 주겠니?"라며 격려와 칭찬을 함으로써 유아의 탐색 활동을 활성화 할 수 있다.

### 3) 정보 전달자로서의 교사

교사는 과학의 개념, 사실 등을 언어로 알려 주는 역할을 할 수 있다. 교사는 유아가 질문을 할 때 대답을 함으로써 유아가 필요로 할 때 과학적 정보를 전달한다. 교사는 현재 이루어지고 있는 과학 활동과 관련된 정확한 과학적 지식을 알 수 있도록 연구하고 노력해야 한다.

그러나 과학적 탐구로 인한 지식의 형성은 교사가 직접 정보를 전달하고 유아가 외워서는 형성되지 않는다. 예를 들어, '씨앗에 물을 주면 싹이 난다.', '바퀴가 잘 굴러가도록 길을 기울인다.', '토끼는 당근을 좋아한다.' 등의 지식을 교사가 직접 전달하는 것은 아니다. 유아들이 스스로 경험하고 발견할 수 있도록 이끌어야 한다. 즉, "씨앗에 물을 주면 어떻게 될까?", "바퀴가 잘 굴러가게 하는 방법을 생각해 보자.", "다른 방법은 무엇이 있을까?", "토끼는 무엇을 먹고 있니? 토끼가 잘 먹는 것은 무엇이고, 먹지 않는 것은 무엇이니?"라는 질문을 통해 유아들이 과학적 지식을 스스로 발견할 수 있도록 이끌어야 한다.

### 4) 공동 조사자로서의 교사

교사는 유아와 함께 공동 조사자가 된다. 이는 과학하는 과정에서 교사와 유아가 함께 탐구하는 태도의 중요성을 말하는 것이다. 교사가 유아와 더불어 자연의 세계를 탐구할 때 교사의 생각과 반응은 유아들에게 큰 영향을 미친다. 즉, "거미는 징그러워.", "만져보니까 미끈미끈해서 기분이 나쁘구나." 등 자연 현상에 부정적인 이미지를 준다든지, 교사 자신은 만지지도 활동하지도 않으면서 방관만 한다면 유아들은 탐색에 대한 흥미를 잃게 된다. 자연에 대해 호기심이 가득한 교사는 유아들의 모델이 되기 때문이다.

### 5) 평가자로서의 교사

교사는 유아가 과학 탐색 활동을 할 때, 유아들이 무엇을 어느 정도 이해하고 있는지 관찰하고 평가한다. 평가는 유아의 활동에 대해 관찰함으로써 이루어지는데, 평가의 결과에 따라 유아에게 어떤 과학적 자료를 제공할지, 교사가 유아의 활동에 어떻게 개입할지를 결정할 수 있다.

교사는 유아의 과학 활동 과정을 자세히 관찰하여 활동이 유아의 수준에 쉽거나, 어렵다면 활동의 난이도를 조절하여 다시 제시할 수 있고, 유아들이 강한 흥미를 느끼는 과학 주제에 대해서는 확장하여 활동을 제시할 수 있다.

## 4. 아동과학 활동의 지도 방법과 자료

### 1) 과학 활동의 지도 방법

유아와 함께 과학 활동을 수행할 때, 교사의 과학 활동 지도 방법을 제시하면 다음과 같다.

첫째, 과학 활동을 위해서 교사는 과학 영역을 마련하고, 유아들이 탐구할 수 있는 새롭고 흥미로운 자료를 풍부하게 제공해 주어야 한다.

과학 영역에서 유아들은 이 자료들을 직접 만져 보고 탐색하면서, 다양한 현상에 대해 어떤 일이 생기는지 조사해 보고 싶은 탐구심과 호기심을 기를 수 있다.

둘째, 교사는 유아의 탐구 과정을 주의 깊게 관찰하여, 유아가 생각하는 것이 무엇인지 궁금하게 여기는 것이 무엇인지를 알아야 한다.

이에 따라 유아에게 알맞은 질문으로 격려하여 유아가 탐구 활동을 지속할 수 있도록 도우며, 활동이 점차 변형되고 확장될 수 있도록 교사의 아이디어와 과학 지식을 제공해야 한다.

셋째, 유아 자신이 원해서 능동적으로 탐구하도록 격려한다.

과학 활동을 선택할 때 유아들의 의사를 존중한다. 유아가 스스로 주변 환경에서 호기심 있는 문제를 발견하고, 그 문제를 해결해 나가는 탐구 과정에서 스스로 문제에 부딪치며 자신의 의사대로 능동적 탐색을 할 수 있도록 한다.

넷째, 탐구 과정에서의 활동은 소집단으로 실시하며, 각 유아들이 과학 활동을 직접 경험할 수 있도록 이끈다.

유아를 위한 과학 활동은 대집단으로 실시하여 일부의 유아가 활동을 하고 그것을 대부분의 유아들이 지켜보는 것이 아니라, 5~6명 정도의 소그룹으로 실시하여 각 유아들이 직접 활동을 경험하도록 해야 한다. 이를 위해서 각 유아가 직접 활동할 수 있도록 충분한 공간과 탐구 자료가 준비되어야 한다.

다섯째, 과학 활동을 진행할 때, 교사는 유아들이 또래 친구들끼리의 의견 교환을 통해서 서로 아이디어를 주고 받으며 과학 활동을 할 수 있도록 이끈다.

또래 친구들과 더불어 탐색하는 것은 서로의 지식을 교환할 수 있고, 아이디어를 더욱 풍부하게 하며, 서로 도와주고 지지하며 과학 활동에 대한 흥미를 지속시키고, 더불어 하는 즐거움을 느낄 수 있게 한다(신은수 외, 2006, 재정리).

과학 활동은 학습 경험의 유형에 따라 자연적 학습, 비구조적 학습, 구조적 학습 등으로 계획될 수 있다.

과학 활동의 계획 정도에 따라서 활동의 도입 상황도 다양하다. 자연적 학습은 영유아 주도의 활동으로 진행되고, 비구조적 학습은 영유아 주도와 교사의 개입으로 진행되며, 구조적 학습은 교사 주도의 활동으로 계획되어 진행된다.

영유아 주도의 교수 활동은 일상생활에서 우연한 발견이나 사건 등 영유아의 흥미에 의해서 영유아에게서 시작되는 활동이다.

반면 구조적 학습은 영유아가 자연적 학습을 하고 있을 때 우연히 가르치기에 적합한 상황이 발생했을 경우, 교사의 개입으로 진행되는 것이다. 또한 교사가 영유아의 흥미와 경험을 사전에 관찰하고, 교실에서 발생할 수 있는 활동을 미리 예상하여, 과학 활동 자료와 환경을 구성했을 때도 진행될수 있다. 이때 활동의 주도권은 영유아에게 있고, 교사는 환경 제공자, 지적 갈등 및 사고 자극을 위한 질문자로 참여한다(신은수 외, 2006, 재정리).

### 2) 과학 활동의 흥미 영역 구성

영유아에게 적합한 물리적 환경은 유아와 교사들 간의 상호 작용의 질을 높이고, 결과적으로 유아들을 위해 더욱 흥미로운 프로그램을 운영할 수 있게 해 준다. 교사는 교실 내에 과학 활동의 흥미 영역을 설치하고 탐구 자료를 준비하여 유아들이 자발적으로 여러 가지 과학 자료를 탐색할 수 있도록 한다.

과학교육을 위한 교실 내 환경 구성의 원리를 제시하면 다음과 같다(문연심, 이봉자, 2013).

(1) 교구 및 설비 기준에 제시된 교재와 교구를 우선적으로 갖춘다. 유아가 자신의 흥미와 능력에 따라 다양한 활동을 선택할 수 있도록 흥미 영역을 적절하게 구성한다. 흥미 영역과 놀잇감은 영역의 특성이나 유아의 발달 수준에 적합해야 하고, 계절 및 활동 주제에 따라 수시로 재구성하고 교체한다.

(2) 흥미 영역의 자료는 알맞은 위치 선정과 영역 간의 연계 활동이 가능하도록 구성한다. 흥미 영역은 교사가 모든 영역을 전체적으로 볼 수 있도록 배치한다. 벽면 구성은 활동 주제에 따라 다양하게 교사와 유아가 함께 꾸미는데 유아의 눈높이를 고려하여 게시한다.

(3) 실내외에 공간을 충분히 확보하여 유아의 활동에 방해가 되지 않도록 구성한다. 구성된 환경은 유아들의 교수 학습 자원으로 활용될 수 있도록 안내하고 지도한다.

(4) 활동적인 놀이 교구와 조용한 놀이 교구가 적절한 장소에 배치되도록 한다.

(5) 과학 영역은 유아의 활동을 가능하게 하는 많은 환경적 요인이 크게 작용하는 곳이다. 유아들은 적극적이고 호기심이 많으며 여러 가지 일에 끊임없이 탐색하고 질문하며, 다양한 경험의 과정을 통해 학습이 이루어진다. 그러므로 유아들이 직접 보고, 듣고, 만지거나, 맛 보고, 냄새를 맡는 등의 오감을 이용한 학습 환경이 되도록 준비해야 한다. 또한 햇빛이 잘 들고 통풍이 잘 되며 물을 사용할 수 있는 곳으로서 여러 가지 자료를 안전하게 사용할 수 있어야 한다(문연심, 이봉자, 2013).

정연희(2017)에서 제시한 과학 흥미 영역의 구성을 위한 기준은 다음과 같다.

첫째, 과학 영역은 소집단으로 구성할 경우 4~5명의 유아들이 둘러앉아 관찰과 실험을 할 수 있도록 책상과 의자를 배치한다.

둘째, 과학 영역은 유아나 교사가 수집한 자료들을 감각적으로 탐색할 수 있는 탐색 영역, 다양한 과학 활동 자료나 정보를 얻을 수 있는 도서 영역, 교육 주제별 과학 자료 및 유아들이 활동한 기록지를 전시할 수 있는 게시판, 실험이나 측정을 위한 탐구 영역, 동식물 기르기 영역 등으로 구성한다.

셋째, 과학 영역은 교구장의 이동이 쉽고 유아들의 왕래가 편하도록 구성한다.

넷째, 과학 영역 중 동식물 기르기 영역의 경우 자연 채광이 잘 되는 창가 쪽에 배치하고 물과 전기를 쉽게 사용할 수 있는 곳에 구성한다(정연희, 2017).

황의명, 조형숙(2001)에서 제시한 과학 영역 구성을 위한 기준은 다음과 같다.

(1) 과학 영역은 유아들이나 교사가 수집한 자료를 감각적으로 탐색하기 위한 감각 테이블과 교육 주제에 관련된 과학 활동 자료를 제시한 학습 테이블, 과학 활동에 필요한 자료를 정리해 놓은 정리장, 과학 개념에 관한 도서 전시장, 식물이나 동물을 기르는 테이블, 유아들이 활동할 수 있는 책상과 의자로 구성된다.

(2) 과학 영역의 가구를 배치하고 구성할 때에는 융통성이 있도록 해야 하며, 유아들의 왕래가 자유롭도록 해야 한다.

(3) 과학 영역은 유아들이 흥미를 가질 수 있도록 변화를 주면서 잘 정돈해야 한다.

(4) 과학 활동을 위해 간혹 위험성이 있는 자료가 필요한 경우가 있다. 그러나 이러한 자료는 과학 영역에 상비해 두지 말고 교사 자료실에 놓았다가 필요 시에만 사용한다.

(5) 측정이나 관찰을 위해 필요한 기본적인 도구는 과학 영역에 상비해 둔다.

(6) 과학 영역은 채광이 잘 되고 물과 전기를 쉽게 이용할 수 있는 곳에 설치한다(황의명 외, 2001).

다음은 2세 영아 학급, 3세, 5세 유아 학급의 과학 흥미 영역의 설치 예시이다.

〈 2세 영아 학급 – 과학 흥미 영역의 예 〉

〈 3세 유아 학급 – 과학 흥미 영역의 예 〉

〈 5세 유아 학급 – 과학 흥미 영역의 예 〉

다음은 교실 내 과학 흥미 영역에서 유아가 자유롭게 자료를 활용하고 탐색할 수 있도록 비치해야 할 자료들이다.

- 각종 자연물
  - 솔방울, 도토리, 나뭇잎, 나뭇가지, 씨앗, 꽃잎, 조개껍질, 소라껍질, 새의 깃털, 여러 가지 곡식 등
- 여러 가지 모양, 색깔, 크기, 질감, 촉감, 냄새를 가진 사물
  - 단추, 병뚜껑, 천 조각, 향수 등
- 자석류
  - 여러 가지 종류의 자석, 쇠에 붙거나 붙지 않는 사물 등
- 관찰 도구
  - 돋보기, 현미경, 라이트 박스 등
- 측정 도구
  - 길이 측정 : 실, 리본, 끈, 클립, 줄자, 막대자, 모양자
  - 무게 측정 : 양팔 저울, 블록, 측정 추 등
  - 부피 측정 : 계량컵, 계량스푼, 여러 가지 모양과 크기의 컵과 용기
  - 온도 측정 : 온도계, 체온계 등
  - 시간 측정 : 모래시계, 타이머 등
- 실험 도구
  - 플라스틱 스포이트, 젓는 막대, 거름종이, 면봉, 모래나 곡식을 거르는 채반 등
- 기타
  - 분무기, 식물, 동물, 화분, 애완동물 사육통, 먹이

### 3) 과학 활동의 실외 영역 공간과 자료 준비

실외 놀이 영역에서의 유아의 과학 활동을 촉진하기 위한 공간과 자료의 준비를 위한 기준은 다음과 같다.

첫째, 안전을 고려하며 유아가 안정감을 느낄 수 있도록 한다.

- 교사가 한눈에 쉽게 감독이 가능한지를 고려한다.
- 어린 영아들과 큰 유아들의 활동 공간을 분리하는 것이 좋다.
- 갑작스런 기후 변화로 인해 대피할 수 있는 공간을 마련한다.

둘째, 유아들이 동식물을 탐색하고 감상할 수 있는 공간과 환경을 구성한다.

- 교육적으로 활용성이 높은 채소를 심어서 가꿀 수 있는 텃밭을 마련한다.
- 다양한 나무와 관목을 심고 가꾼다. 과실나무면 더욱 좋다.
- 날씨를 관측할 수 있는 자료와 공간을 마련한다. 커다란 온도계를 일정한 곳에 매달아 두어 유아들이 겨울이나 여름철에 바깥놀이를 할 수 있는 온도를 표시해 두고, 매번 확인해 볼 수 있도록 한다. 페트병을 잘라 눈금 표시를 해 두어 강우량을 측정할 수도 있다.

셋째, 모래 놀이터와 물놀이 영역은 서로 가까운 곳에 설치하며, 두 영역 모두 한번에 적어도 3~4명이 동시에 함께 놀이할 수 있는 공간을 마련한다.

- 모래놀이와 물놀이대를 가까이 설치함으로써 모래와 물을 섞어 다양한 형태의 놀이를 할 수 있도록 한다. 수로 만들기, 모래밭에 웅덩이 만들기 등을 하며 다양한 과학적 탐구를 할 수 있다.
- 여러 가지 물놀이 보조 자료를 제공하여 다양한 방법으로 물의 특성에 관한 물리적 개념을 탐구할 수 있도록 한다.
- 다양한 신체놀이 기구도 유아들의 과학적 탐구를 위한 좋은 시설이다. 시소

나 그네, 미끄럼틀과 같은 놀이시설은 마음껏 몸을 움직이는 가운데 균형, 방향, 속도, 마찰, 힘과 같은 물리적 개념을 경험 할 수 있는 과학적 도구이다.

넷째, 필요에 따라 과학 탐구를 위한 보조 자료들을 즉각적으로 쉽게 사용할 수 있도록 실외에 보관 장소를 마련한다(황의명 외, 2001, 재정리).

## 5. 아동과학 활동의 계획과 수행

### 1) 과학 활동의 계획 과정

과학 활동의 계획 과정을 순서대로 제시하면 다음과 같다(윤애희, 박정민, 2009).

#### (1) 내용 선정

과학 활동 내용은 유아의 일상생활에서 빈번하고 익숙하게 접할 수 있는 물건이나 자료, 자연 현상이나 물질의 특성 등을 선정할 수 있다.

과학 활동을 선정할 때는 간단한 실험 과정을 가지고 있어 이해하기 쉬우며, 활동 결과로 나타나는 변화가 감각적으로 빠르게 느낄 수 있는 활동을 선정한다.

#### (2) 시청각 자료와 물리적 자료 준비

과학 활동의 자료는 유아가 직접 경험을 할 수 있도록 각 자료를 충분한 수로 준비한다. 자료는 교사가 준비하거나 가정통신문에 안내하여 학부모의 도움을 받아 준비한다. 과학 활동은 여러 가지 실물 자료를 다루므로 유아의 안전을 고려하여 위험한 물건이 유아에게 제시되지 않도록 한다.

### (3) 사전 탐색을 위한 자료 제시

과학 활동 내용을 선정할 때에는 유아가 호기심을 가질 수 있는 것에 기반해 정한다. 또한 교사가 과학 활동을 제안하고자 할 때는 사전에 관련 자료를 유아들에게 제공하여, 유아들이 그 사물과 현상에 대해 탐구하여 호기심을 가질 수 있도록 한다. 관련 자료는 사진이나 그림을 게시한다든지 과학 영역에 관련 물건들을 놓아두어서, 과학 활동을 전개하기 전에 유아들이 미리 자료를 탐색할 수 있도록 한다.

### (4) 활동의 도입

과학 활동 자료를 미리 보여 주고, "여기있는 물건을 본 적이 있니?", "어떤 것인지 잘 살펴보고, 만져 보자!"라고 말하며, 미리 관찰하고 탐색하는 시간을 주어 유아들의 호기심을 자극한다.

### (5) 직접 경험 활동 실시

과학 활동을 전개할 때 교사는 "무엇을 보았니?", "어떤 것들이 서로 친구일까?", "친구끼리 나누어 보자.", "이것들은 서로 어떻게 다르니?"라는 질문을 통해 유아들이 직접 관찰하고 경험한 것을 표현하고 비교, 분류하는 경험을 하도록 이끈다. 또 "네가 하고 싶은 대로 해보자!", "무엇을 알았는지 친구들에게 이야기해 주자!", "네가 궁금한 것을 친구들에게 물어보자!"라며 유아들이 자료를 능동적으로 탐색하고, 발견한 지식에 대해 서로 의견을 교환할 수 있도록 기회를 준다.

### (6) 활동 결과의 기록과 마무리

과학 활동의 결과에 대해 서로 이야기하고 자료를 모아서 기록하고 전시한다. 결과에 대해 교사와 유아들이 서로 이야기하고, 활동의 과정과 결과를 유아들이 그림으로 그려서 표현할 기회를 갖는다. 또 과학 활동의 결과물을 모아서 과학 영역에 전시하거나 벽면에 게시한다.

## 2) 과학 활동의 수행 – 수업 계획안 예시

〈표 13〉 물질 변화시키기 과학 활동 – 수업 계획안(예시 1)

<table>
<tr><th>활동명</th><th colspan="3">색 물감 섞기</th></tr>
<tr><td>활동 목표</td><td>1. 물감을 섞으면 다른 색이 되는 것을 경험한다.<br>2. 색에 대한 자신의 생각과 느낌을 말할 수 있다.</td><td>대상 연령</td><td>4세</td></tr>
<tr><td>누리과정 관련 요소</td><td>과학적 탐구하기〉 물체와 물질 알아보기〉 물질을 변화시키기</td><td>생활 주제</td><td>색깔</td></tr>
<tr><td>활동 집단</td><td>소집단(5명)</td><td>소요 시간</td><td>약 15분</td></tr>
<tr><td>활동 준비물</td><td colspan="3">– 물감(빨간색, 노란색, 파란색), 스포이트, 흰 접시, 수건, 책상 비닐 깔개, 앞치마, 10개들이 계란 포장용 투명 용기<br>– 색 물감을 준비할 때, 노란색 물감은 농도를 진하게, 빨간색과 파란색 물감은 농도를 옅게 준비한다.</td></tr>
<tr><th>전개 과정</th><th>교사</th><th colspan="2">유아</th></tr>
<tr><td>도입<br>(3분)</td><td><br>• 물감을 섞어 어떤 색인지 맞추어 본다.<br>– (모두 모여서, 그림 카드를 보여 주며)<br>– 얘들아! 우리 빨간색이랑 노란색이 섞이면 무슨 색이 되는지 생각해 보자.<br>– 노란색이랑 파란색이 섞이면 무슨 색이 될까요?<br>– 그럼 파란색과 빨간색이 섞이면 무슨 색이 될까요?<br>– (교사가 물감을 섞는 시범을 보인다.)<br>– 너희들이 직접 물감으로 색을 섞어서 여러 가지 색을 만들어 보자.</td><td colspan="2">– 주황색이요.<br>– 초록색이요.<br>– 보라색이요.</td></tr>
</table>

| | | |
|---|---|---|
| 전개<br>(10분) | ① 소그룹(5~6명씩)으로 모여 직접 물감을 섞어 본다.<br>– 유아들이 소그룹으로 모여, 준비된 접시에 스포이트를 이용해 물감을 떨어뜨린다. 빨대를 이용하여 접시에 떨어뜨린 물감을 잘 섞는다. 만들어진 색에 대해서 이야기해 본다.<br>② 색깔이 서로 섞이면 다른 색이 되는 것에 대해 이야기를 나눈다.<br>– 빨간색이랑 노란색이랑 섞이면 무슨 색이 될까?<br>(색이름을 모르면 가르쳐 준다.)<br>– 빨간색이랑 노란색이랑 섞이면 주황색이 돼요.<br>– 그럼 파란색과 노란색이 섞이면 무슨 색이 될까?<br>– 그럼 빨간색과 파란색이 섞이면 무슨 색이 될까?<br>③ 교사가 색 물감의 양을 달리하여 다른 색을 만든다.<br>(예 : 노란색이 많은 초록색, 파란색이 많은 초록색 등)<br>– 이 색들은 어떻게 다르니?<br>– 왜 같은 색을 섞어도 다른 색이 될까?<br>④ 모든 유아에게 10개들이 계란 포장용 투명 용기를 주고, 각각의 칸에 자기만의 색을 만들어 보게 한다.<br>– 각자 여기에 한 칸씩 다른 색을 만들어 보자.<br>– 각자 색을 만들어 보고, 다른 친구들이 만든 색과 서로 비교해 보자. | – 주황색이요.<br><br><br>– 초록색이요.<br>– 보라색이요.<br><br><br>– 노란색을 더 많이 넣었어요. |
| 마무리와<br>평가<br>(2분) | • 각 유아가 만든 색을 친구들에게 보여 준다.<br>– 이 색들은 어떻게 만들었니? 자기가 만든 색 중에 어느 색이 가장 마음에 들어? 왜 그 색이 마음에 들지?<br>– 여러 가지 색을 만드니까 기분이 어떠니?<br>– 우리가 만든 색 물감은 어떻게 사용할까?<br>– 그림을 그릴 사람은 미술 영역에 가서 활동을 하자. | – 이 색이요. 이 색은 맛있는 귤색이에요.<br><br>– 그림을 그려요. |
| 연계 활동 | • 자신이 만든 새로운 색 물감을 이용하여 한지 물들이기를 할 수 있다.<br>– 유아들이 직접 만든 물감을 이용하여 한지나 종이 키친타월에 물감을 들인다.<br>– 네모난 한지를 네 번 접어서 모서리마다 물감을 들여 본다.<br>– 색 물이든 한지를 신문지 위에 펴서 말린 후 창문에 나란히 붙인다. |  |

〈표 14〉 물체의 기본 특성 알기 과학 활동-수업 계획안(예시 2)

<table>
<tr><th>활동명</th><th colspan="3">손전등에 불이 들어와요</th></tr>
<tr><td>활동 목표</td><td>1. 건전지가 전등에 불이 들어오게 하는 힘이 있음을 알 수 있다.</td><td>대상 연령</td><td>5세</td></tr>
<tr><td>누리과정<br>관련 요소</td><td>과학적 탐구하기〉 물체와 물질 알아보기〉 물체의 기본 특성 알기</td><td>생활 주제</td><td>전기</td></tr>
<tr><td>활동 집단</td><td>소집단(5명)</td><td>소요 시간</td><td>약 15분</td></tr>
<tr><td>활동 준비물</td><td colspan="3">손전등, 건전지</td></tr>
<tr><th>전개 과정</th><th>교사</th><th colspan="2">유아</th></tr>
<tr><td>도입<br>(3분)</td><td><br>• 준비물에 대해 설명하고, 아이들과 상호 작용을 한다.<br>- 여러분, 안녕!<br>- (주의할 점에 대해 먼저 말해 준다.)<br>손전등은 불을 켤 때 위를 향하게 해서 벽면이나 천장을 향해 불을 켜야 해요.<br>- (건전지를 뺀 손전등을 보여 주며)<br>이 손전등을 하나씩 가져가 보자.<br>- (건전지를 뺀 손전등을 직접 켜 보며)<br>지금 손전등이 어떠니?<br>- 손전등이 어떻게 하면 힘을 내서 불빛을 낼 수 있는지 알아보자.</td><td colspan="2">- 불이 안 들어와요. 고장 났어요.</td></tr>
</table>

<table>
<tr><td>전개<br>(10분)</td><td>• 건전지가 전등에 불이 들어오게 하는 힘이 있다는 것을 안다.<br>– 건전지를 두 개씩 가져가서 손전등에 넣어 보자.<br>– 손전등을 위로 향하게 해서 켜 보자.<br>어떠니? 불이 들어오니? 왜 어떤 것은 불이 켜지고 어떤 것은 안 켜졌을까?<br>– (건전지를 보여 주며)<br>건전지를 보면 뾰족하게 튀어나온 부분과 평평한 부분이 있어. 뾰족하게 튀어나온 부분을 먼저 넣어 보자. 남은 건전지 하나도 뾰족하게 튀어나온 부분을 먼저 넣어 보자.<br>– 손전등을 위로 향하게 하고 켜 보자. 불이 들어오니?<br>– (모두 함께 천장에 손전등을 비추며)<br>흔들어 보자. 동그랗게 만들어 보자.<br>하나로 모아 보자. 한 줄을 만들어 보자.<br>– (함께 노래를 부르며)<br>노래를 부르며 해 보자.<br>– 이번에는 책상 밑에서 손전등을 아래로 향하게 하고 불을 켜 보자. 흔들어 보자. 동그란 모양의 한 점을 만들어 보자.<br></td><td>– 불이 들어와요.<br>– 불이 안 들어와요.<br>– 건전지를 잘 못 껴서요.<br><br>– 불이 들어와요.</td></tr>
<tr><td>마무리와<br>평가<br>(2분)</td><td>• 활동을 마무리하고 유아들의 생각을 듣는다.<br>– 오늘 건전지에서 나오는 힘으로 손전등의 불을 켜 보는 활동을 했는데 어땠니?<br>– 다음에는 손전등의 불을 켜고 노래를 불러 보자.</td><td>– 재미있었어요.</td></tr>
</table>

### 〈표 15〉 날씨와 기후 변화에 대한 과학 활동－수업 계획안(예시 3)

<table>
<tr><th>활동명</th><th colspan="3">무지개 콜라주</th></tr>
<tr><td>활동 목표</td><td>1. 무지개를 구성하는 색에 대해 알 수 있다.<br>2. 무지개 색과 같은 사물에 대해 알 수 있다.<br>3. 무지개에 대한 느낌을 말할 수 있다.</td><td>대상 연령</td><td>5세</td></tr>
<tr><td>누리과정 관련 요소</td><td>과학적 탐구하기〉 자연 현상 알아보기〉 날씨와 기후 변화에 관심 갖기</td><td>생활 주제</td><td>날씨</td></tr>
<tr><td>활동 집단</td><td>소집단 (5~6명)</td><td>소요 시간</td><td>약 20분</td></tr>
<tr><td>활동 준비물</td><td colspan="3">무지개가 그려진 전지, 무지개 사진, 다양한 색이 있는 잡지와 전단지, 가위, 풀</td></tr>
<tr><th>전개 과정</th><th>교사</th><th colspan="2">유아</th></tr>
<tr><td>도입<br>(3분)</td><td>• 무지개 사진을 보고 무지개에 대해 이야기를 나눈다.<br>– 얘들아, 사진 속에 있는 것이 무엇일까?<br>– 맞아요! 이것은 무지개에요. 친구들은 무지개를 어디서 봤나요?<br><br>– 무지개는 비가 온 후 해가 떴을 때 하늘에 있던 물방울이 빛에 반사되어서 보이는 거에요. 그러면 무지개는 여러 가지 색깔로 보이는데 어떤 색깔로 보이는지 함께 알아봐요.</td><td colspan="2">– 무지개요.<br>– TV에서요.<br>동화책에서요.<br>공원에서요.<br><br>– 네.</td></tr>
</table>

| | | |
|---|---|---|
| 도입<br>(3분) | <br> | |
| 전개<br>(10분) | ① 무지개 사진을 보며 무지개가 어떤 색깔들로 이루어져 있는지 이야기를 나눈다.<br>– 무지개는 어떤 색깔로 되어 있나요?<br>– 무지개는 빨간색, 주황색, 노란색, 초록색, 파란색, 남색, 보라색으로 되어 있어요. 그럼 무지개는 모두 몇 가지의 색을 가지고 있나요?<br><br>② 무지개 모양이 그려진 전지를 보여 주고, 유아들이 직접 색종이나 잡지 등을 오려 붙여 꾸며 본다.<br>– 여기에 무지개가 있어요. 그런데 뭐가 빠진 것 같은데 무엇이 빠진 것 같아요?<br>– 무지개가 색깔을 잃어버렸어요. 친구들이 직접 잃어버린 무지개 색을 채워 줄 건데, 위에는 무엇을 넣어야 할까요?<br>– 그러면 이 빨간색은 선생님이 빨간색 사과를 이용해서 채울 게요. (사과를 붙인 후) 나머지 무지개 색은 이제 친구들이 직접 책에서 맞는 색깔을 찾거나, 그림을 그리거나, 색종이를 오려서 붙여 봐요. | – 빨간색이요, 파란색이요, 노란색이요.<br>– 일곱 개요.<br><br>– 무지개 색이요.<br><br>– 빨간색이요.<br><br>– 네. |

| | | |
|---|---|---|
| 전개<br>(10분) | 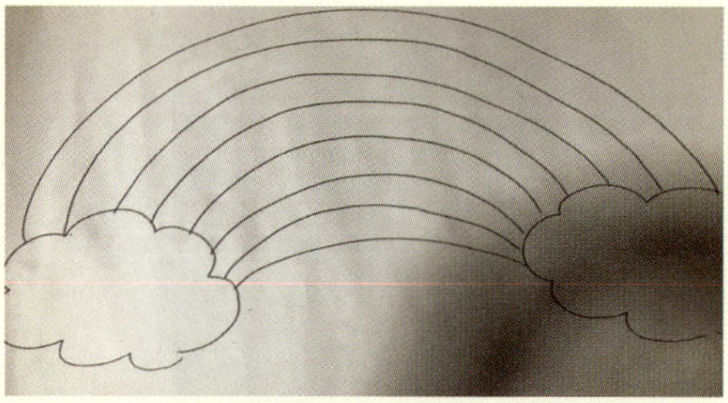<br><br>③ 꾸며 놓은 무지개에 대해 이야기한다.<br>– 모두 잘했어요. 우리 친구들이 무지개를 어떤 색으로 꾸며 주었나요?<br>– (한 명씩 붙인 사물들을 체크해 주면서)<br>OO가 찾은 무지개 색은 노란색 바나나구나. XX가 찾은 무지개 색는 빨간색 사과였구나. ㅁㅁ가 찾은 무지개 색은 주황색 귤이었구나. △△가 찾은 무지개 색은 보라색 포도였구나. ☆☆가 찾은 무지개 색은 초록색 신발이었구나.<br>– 우리 친구들 모두가 잘 찾아 줘서 예쁜 무지개가 완성되었어요. | – 빨간색이요. 주황색이요. 노란색이요. |
| 마무리와<br>평가<br>(2분) | • 활동에 대한 생각이나 느낌을 이야기한다.<br>– 무지개 색깔 중에 어떤 색이 제일 예뻤나요?<br>– 그러면 어떤 색이 제일 따뜻하게 느껴졌나요?<br>– 무지개 색깔 중 제일 시원하게 느껴진 색은 뭐죠?<br>– 그럼 활동하면서 어려웠던 점은 없었나요?<br><br>– 그랬구나. 자르는 거와 같은 색깔 찾는 게 어려웠구나. 선생님이 무지개를 과학 영역에 붙여 놓을 테니 무지개 색깔과 같은 게 있으면 친구들이 붙이기로 해요. | – 빨간색이요.<br>– 노란색이요.<br>– 파란색이요.<br>– 똑같은 색 찾는 거요. 가위로 자르는 거요.<br>– 네. |

# 6장

# 아동과학지도의 평가

평가는 교육 목표를 달성하기 위하여 행하는 교육 활동에 관한 의사 결정을 하기 위해 정보를 수집하고 해석하는 전반적인 과정이다(신은수 외, 2006).

영유아의 과학교육에서 평가의 개념은 과학 학습의 성취와 진보를 확인하고, 적절한 프로그램을 제공하고 교육적인 결정을 내리기 위해 과학과 관련된 다양한 교육적 자료를 수집하고 자료를 해석하는 일련의 전략이며, 과학교육 체계의 기본적인 피드백 기제(feedback mechanism)라고 볼 수 있다. 즉, 평가를 통해 영유아는 과학적 이해에 대한 피드백을 얻을 수 있으며, 교사는 영유아들이 얼마나 잘 배우고 있는지에 대한 피드백을 얻을 수 있다. 원장과 부모는 교사와 과학교육 프로그램의 효율성에 대한 피드백을 얻을 수 있다(신은수 외, 2006).

유아과학교육의 평가는 과학교육의 목적과 밀접하게 관련되어 이루어져야 한다. 그러므로 유아과학교육의 평가를 통해 유아의 현재 과학 능력 발달을 이해하며, 과학 활동 과정과 결과를 통하여 일어난 변화와 진보를 알고, 적절한 교수-학습 방법을 제공하여 유아의 과학적 잠재력을 최대한 개발할 수 있어야 한다(유연화 외, 2015).

유아과학교육 수행에 대한 평가 시 적용할 수 있는 원리는 다음과 같다.

첫째, 일과 중 교육 활동에 대한 평가를 수행한다.

둘째, 평가 증거를 모으기 위해서 다양한 출처를 활용한다. 교사의 일일 일지, 일화 기록, 체크 리스트, 유아의 산출물(미술, 작품, 필기한 것), 녹음기, 비디오 카메라 등이 사용될 수 있다.

셋째, 유아를 체계적으로 관찰하기 위한 시간을 정한다. 교사는 계속적으로 유아를 관찰하고 머릿속으로 유아의 행동과 사용하는 어휘를 기록한다.

넷째, 평가를 여러 차례에 걸쳐 일어나는 하나의 과정으로 본다. 과학적 사실과 현상을 유아가 어느 정도 이해하고 있는지에 대해 평가하는 것은 하나의 사건이라기보다 여러 차례에 걸친 증거의 수집으로 간주되어야 하기 때문에 여러 번의 평가를 수행한다.

다섯째, 관찰된 유아의 행동과 말을 통해 유아의 추론을 탐색한다.

여섯째, 유아의 언행을 통하여 교육 과정을 탐색한다. '활동은 유아의 흥미를 계속 유지시킬 수 있는가?', '유아가 무엇을 어떻게 할지 발견하고 있는가?'라는 질문에 대한 최고의 답을 얻기 위해서는 유아의 말뿐만 아니라 행동도 잘 관찰해야 한다.

일곱째, 협동적 작업을 통해 평가한다. 즉, 모든 평가 과정에 동료, 학부모, 유아가 포함될 수 있어야 한다(김현경 외, 2014, 재정리).

## 1. 관찰

관찰은 영유아의 발달 수준을 보다 사실적으로 보여 줄 수 있으며, 발달 특성상 언어적 의사소통이 원활하지 않은 영유아에게 적합하다. 관찰 평가의 방법으로는 일화 기록, 체크 리스트, 평정 척도가 있다.

### 1) 일화 기록

일화 기록은 개인의 특성을 이해하기 위해 그 개인이 나타낸 구체적인 행동 사례나 어떤 사건에 관련된 관찰 기록을 상세히 기록하는 방법이다. 일화 기록은 특별한 준비나 계획 없이 관찰자가 흥미 있다고 생각되는 것을 그때그때 기록하기 때문에 여러 가지 직접적인 관찰 방법 가운데 가장 쉽고 간단한 기록 방법이다(이순형 외, 2011; 정연희 외, 2013; 정연희, 2017).

일화 기록을 하는 교사는 관찰 직후 바로 기록하는 것이 바람직하나, 언제나 가능한 것은 아니기 때문에 필요할 때 메모지에 핵심어만 적어 놓고 수업이 끝난 후에 기록하는 것이 좋다. 일화 기록에는 영유아의 성명, 관찰자, 관찰 일시 및 장소, 과학적 사건 및 상황에 대한 요약, 그리고 유아가 어떤 말을 했고 어떤 행동을 했는지가 구체적이고 간단명료하게 적혀 있어야 한다(박정민 외, 2015).

〈표 16〉 일화 기록의 예시

| 관찰 유아 : ○○○ | 관찰자 : ○○○ |
|---|---|
| 성별 및 생년월일 : 남 / 0000. 00. 00 | 관찰 일시 : 0000. 00. 00 / 오전 09:55 |
| 관찰 상황 : 작업 영역에서 그림 그리기 | |
| OO이가 조형미술 영역 선반에서 도화지와 빨간색 크레용을 찾아 양손에 하나씩 들고 책상에 와 앉는다. OO이가 왼손으로 빨간색 크레용을 잡더니 코로 가져가 냄새를 맡는다. "음, 딸기 냄새가 나네."라고 하고는 오른손으로 종이 가운데에 10cm의 선을 나란히 두 개 그리고 크레용을 통 속에 집어 넣는다. 통을 두 손으로 뒤지더니 고동색 크레용을 꺼내 냄새를 맡는다. 오른손을 사용하여 천천히 아까 그려 놓은 선 위에 동그라미를 크게 그리고는 "이건 시계야."라고 한다. 초록색 크레용을 통 속에 넣고 까만색을 꺼내더니 책상 위에 세 번 탁탁 친다. 약 2초간 생각을 하더니 종이 오른쪽 윗부분에 철자법에 맞게 적어 놓는다. | |

출처: 이정환, 박은혜(2009).

## 2) 체크 리스트

체크 리스트는 평가하고자 하는 과학 활동을 미리 목록으로 작성한 후 각각의 행동이 나타나는지를 관찰하여 '예, 아니오.'로 표기하는 방법이다. 체크 리스트에는 '분류 능력이 있다.'와 같은 포괄적인 문항보다는 '물에 뜨는 물체와 가라앉는 물체의 이름을 말할 수 있다.'와 같이 관찰 가능하고 구체적인 문항을 사용해야 하며, 교사는 각각의 행동 목록에 대해 잘 이해하고 있어야 한다(한유미, 2016).

〈표 17〉 체크 리스트 양식의 예시

| 관찰 유아 : | | 생년월일 : | |
|---|---|---|---|
| 관찰자 : | | 관찰일 : | |
| 요 소 | 평가 준거 | 예 | 아니오 |
| | | | |
| | | | |
| | | | |
| | | | |

### 3) 평정 척도

평정 척도법은 어떤 특성이나 성격을 미리 정해진 범주에 따라 평가할 때 사용하는 관찰 도구로, 체크 리스트와 같이 관찰자가 사전에 관찰하려는 행동 영역에 대해 미리 알고 있을 때 사용된다. 체크 리스트처럼 어떤 행동의 출현 유무를 표시하는 데 그치지 않고 행동의 질적인 특성을 알고자 할 때 유용하게 사용된다(정연희 외, 2013; 정연희, 2017).

〈표 18〉 유아의 과학적 태도를 측정하기 위한 평정 척도 예시

| 이름 : | | 생년월일 : | | | | |
|---|---|---|---|---|---|---|
| 관찰자 : | | 관찰일 : | | | | |
| 요 소 | 평가 준거 | 1.전혀 아니다 | 2.약간 아니다 | 3.중간 정도 | 4.약간 아니다 | 5.매우 그렇다 |
| 1. 호기심 | 1. 질문을 자주 하는가? | | | | | |
| | 2. 새로운 대상에 관심을 기울이는가? | | | | | |
| | 3. 문제가 있을 때 원인을 찾으려 하는가? | | | | | |
| 2. 자진성과 적극성 | 1. 실험이나 활동에 스스로 참여하는가? | | | | | |
| | 2. 문제 해결에 적극적으로 임하는가? | | | | | |
| | 3. 의문나는 점을 해결하려고 시도하는가? | | | | | |
| 3. 솔직성 | 1. 자신이 예상한 점이나 관찰한 점을 그대로 나타내는가? | | | | | |
| | 2. 어려운 점이나 안되는 점을 그대로 나타내는가? | | | | | |
| | 3. 활동 결과를 그대로 나타내는가? | | | | | |

| 요 소 | 평가 준거 | 1.전혀 아니다 | 2.약간 아니다 | 3.중간 정도 | 4.약간 아니다 | 5.매우 그렇다 |
|---|---|---|---|---|---|---|
| 4. 객관성 | 1. 사물을 자기가 본대로 정직하게 표현하는가? | | | | | |
| | 2. 결론을 내릴 때 실험 결과를 근거로 하고 있는가? | | | | | |
| | 3. 문제 해결을 하는데 몇 가지 가능한 해결책을 고려하는가? | | | | | |
| 5. 개방성 | 1. 자기주장에 대한 비판을 수용하는가? | | | | | |
| | 2. 실패한 것에 대해서 좌절하거나 의기소침하지 않는가? | | | | | |
| | 3. 한 가지 문제에 대하여 여러 가지 의견을 듣는가? | | | | | |
| 6. 비판성 | 1. 다른 사람의 판단에 대해 옳고 그름을 판단하는가? | | | | | |
| | 2. 결론을 성급히 내리지 않는가? | | | | | |
| | 3. 어떤 주장에 대해 대안을 제시하는가? | | | | | |
| 7. 판단 유보 | 1. 결론을 내리기 전에 많은 자료를 찾는가? | | | | | |
| | 2. 결론을 성급히 내리지 않는 편인가? | | | | | |
| | 3. 확실한 근거를 찾을 수 없는 것은 다시 생각해 보는가? | | | | | |
| 8. 끈기성 | 1. 실험 도중 실패했을 때 반복하여 실험 결과를 찾으려 하는가? | | | | | |
| | 2. 해결되지 않는 문제는 계속해서 해결하려고 하는가? | | | | | |
| | 3. 한 가지 문제가 해결되면 또 다른 문제를 해결하려고 하는가? | | | | | |
| 9. 협동성 | 1. 실험 활동을 하는데 역할을 맡아서 하는가? | | | | | |
| | 2. 소집단 전체의 생각이 드러나는가? | | | | | |
| | 3.실험 후 정리 정돈을 같이 하는가? | | | | | |

출처: 이경민(2000); 유연화 외(2015), 재인용.

## 2. 포트폴리오(작품 수집)

포트폴리오는 영유아가 무엇을 배웠는지, 어떻게 그 학습을 이루어 냈는지, 어떻게 생각하고 질문하고 분석하고 창조해 냈는지, 타인과의 지적 정서적 사회적 상호 작용은 어떠했는지 등 영유아들의 학습 과정 전반에 대한 기록을 말한다. 포트폴리오를 활용한 평가는 1년 동안 각 영유아의 성취나 진전, 발달을 보여 주는 작업 표본들을 수집하여 평가하는 것이다. 영유아가 완성한 그림이나 그래프, 쓰기, 수 과학과 관련된 작품과 사진 등을 포트폴리오에 끼워 둘 수 있으며, 교사는 이 작품들과 영유아의 노력에 대해 설명을 적으며 영유아의 수 과학 태도 및 진전을 평가할 수 있다(이순형 외, 2010).

포트폴리오 평가를 유아과학교육에서 사용할 경우 다음과 같은 효과를 얻을 수 있다.

첫째, 유아의 자기 평가를 통하여 반성적 사고를 돕는다.
둘째, 유아의 개인차를 고려할 수 있다.
셋째, 유아의 향상, 노력, 성취에 초점을 맞출 수 있다.
넷째, 유아의 과학 활동을 수준별로 평가할 수 있다.
다섯째, 과학 학습에 평가와 교수를 연결시킬 수 있다.

포트폴리오를 통한 성취 평가에서는 유아의 진보와 성장의 모든 양상을 고려할 수 있으며 이를 통하여 유아의 태도, 흥미, 생각, 학습 양식, 인지발달, 탐구 과정과 기능, 탐구의 숙달, 내용 습득 등 유아의 전반적인 발달 양상의 변화 과정을 알 수 있다(김현경 외, 2014).

유아의 과학 활동 포트폴리오 평가 자료에는 다음과 같은 내용이 포함될 수 있다(유연화 외, 2015).

- 사물의 변화 또는 일이 진행되는 순서에 대한 이해를 나타내는 자기 보고나 반응들
- 동식물 관찰 기록 활동지
- 요리 활동 시 재료 탐색과 변화 과정을 관찰하는 사진이나 결과에 대한 기록
- 주제와 관련된 과학 활동 실험 결과에 대한 예측, 실험 과정을 나타내는 사진 및 결과에 대한 보고서
- 바깥놀이인 산책이나 견학지에서의 자연물 관찰 사진, 수집물 또는 유아 관찰 기록
- 과학적 주제에 대한 토론 장면 및 토론 결과, 문제 해결 과정을 나타내는 사진 및 기록 보고서
- 유아가 즐겨 보는 과학 관련 도서 목록 및 관심 분야에 대한 기록
- 유아의 과학적 태도, 개념 발달을 볼 수 있는 학기별 체크 리스트 및 개념 발달이 나타난 증빙 서류

유아의 포트폴리오 평가를 위해 체계적인 작품 수집을 하기 위해서는 다음의 단계를 고려해야 한다(한유미, 오연주, 2003; 박정민 외, 2015, 재인용).

① 작품 수집 기준 세우기

- 영유아 1인당 몇 개의 작품을 수집할 것인가?
- 얼마나 자주 작품을 수집할 것인가? (매주/ 격주/ 적절한 작품이 나올 때마다)
- 어떤 작품을 수집할 것인가?(최상의 작품/ 일반적인 작품)

② 영유아의 자발적인 작품 수집하기

- 교사는 영유아에게 작품을 수집하는 것에 동의하는지 물어보아야 한다. 만약 영유아가 그 작품을 집에 가져가기를 원하면, 복사해서 사용한다. 수집한 작품들은 학기나 학년이 끝날 무렵 집으로 보낸다.
- 교사의 지시에 의한 작품보다는 영유아가 자발적으로 만들어 낸 작품을 수집하는 것이 좋다.

③ 작품에 대한 영유아의 의견 첨부하기

- "어떻게 만들었니?", "어떤 점이 마음에 드니?", "다르게 할 걸 하는 생각이 드는 것은 무엇이니?", "또 해 보고 싶니?" 등과 같은 질문을 한다.
- 영유아가 글을 못 쓰면 교사가 받아서 적어 준다.

④ 작품에 대한 교사의 의견 기록하기

- 이 작품을 만드는 것은 누가 주도했는가? (유아/ 교사)
- 영유아가 이 작품을 통해 성취하였는가?
- 이 작품은 특정 교육 목표의 달성이나 성과를 나타내는가?
- 이 작품을 통해 영유아가 새로운 상황의 개념을 적용하거나 확장하고 있는가?

다음은 유아의 과학 활동의 과정과 작품을 수집하기 위한 포트폴리오 양식을 제시하였다. 서술식 포트폴리오 양식과 체크 리스트식 포트폴리오 양식의 예시이다.

〈표 19〉 서술식 포트폴리오 양식의 예시

| 관찰 유아 : ○○○ | 생년월일 : 0000. 00. 00 |
|---|---|
| 관찰자 : ○○○ | 관찰 일시 : 0000. 00. 00, 00:00 |
| 관찰 장소 장면 : 여러 가지 폐품으로 자동차 만들기 활동 | |
| 활동 과정, 결과물 | |
| 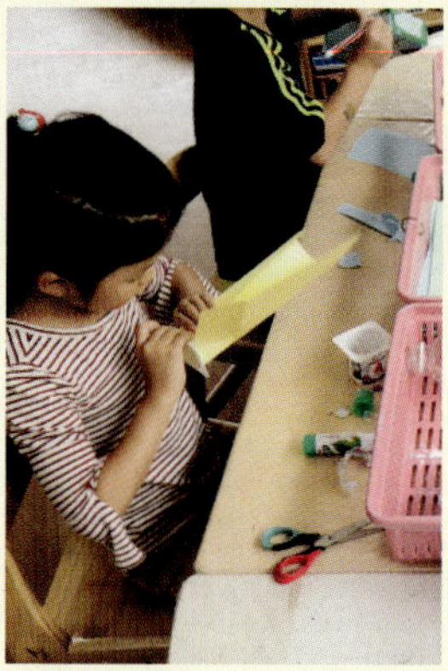  | |
| 활동 내용 | • ○○이는 폐품 자동차 만들기 자료를 꼼꼼히 확인하고, 선생님이 제시한 샘플 자동차를 자세히 살펴본 후 만드는 방법을 이해하여, 친구들보다 빠른 속도로 자신의 자동차를 완성하였다.<br>• 자신이 만든 폐품 자동차를 바닥에 굴리는 척하며 "야, 잘 굴러가네."라며 즐거워한다.<br>• 친구들이 만든 폐품 자동차를 들여다보며 "이 자동차는 크다. 바퀴도 크네."라며 즐거워한다. |
| 평가 | • ○○이는 자동차의 구조를 알고, 폐품으로 폐품 자동차를 만들 수 있다.<br>• ○○이는 자동차 바퀴가 굴러가는 특성을 알고 있다.<br>• 다른 친구의 작품을 감상하고 친구의 작품을 칭찬할 줄 안다. |

**〈표 20〉 체크 리스트식 포트폴리오 양식의 예시**

<table>
<tr><td colspan="2">관찰 유아 : ○○○</td><td colspan="2">생년월일 : 0000. 00. 00</td></tr>
<tr><td colspan="2">관찰자 : ○○○</td><td colspan="2">관찰 일시 : 0000. 00. 00. 00:00</td></tr>
<tr><td colspan="4">관찰 장소 장면 : 여러 가지 도구로 색안경 만들기 활동</td></tr>
<tr><td colspan="4">활동 과정, 결과물</td></tr>
<tr><td colspan="4"> </td></tr>
<tr><td>질문</td><td colspan="3">• 색안경은 어떤 일을 하나요?<br>• 색안경은 어떻게 만들었나요?<br>• 만든 색안경으로 무엇을 하고 싶나요?<br>• 친구들이 만든 색안경을 구경하였나요?<br>• 자신의 작품을 다 만든 후 친구들의 작품 제작을 도와주었나요?</td></tr>
<tr><td rowspan="6">평가</td><td>평가 문항</td><td>예</td><td>아니오</td></tr>
<tr><td>1. 작품(색안경)을 만들기 위한 지식을 구성한다.</td><td>V</td><td></td></tr>
<tr><td>2. 작품을 안내한 방법으로 완성한다.</td><td>V</td><td></td></tr>
<tr><td>3. 자신이 만든 작품에 만족한다.</td><td>V</td><td></td></tr>
<tr><td>4. 친구들이 만든 작품을 감상한다.</td><td>V</td><td></td></tr>
<tr><td>5. 자신의 작품을 완성한 후 친구들의 작품 제작을 도와준다.</td><td>V</td><td></td></tr>
</table>

출처: 유연화 외(2015), 재정리.

# 2부

# 아동과학지도 활동의 실제

1장

# 도구와 기계 과학 활동

## 1. 주제별 활동 내용

### 1 주제 : 편리한 도구와 기계

1 – 생활을 편리하게 해 주는 도구와 기계

2 – 그림자 카드를 놓아 보세요

3 – 부엌에서 사용하는 도구와 기계

4 – 작은 물건을 핀셋으로 옮기기

5 – 도르래놀이

6 – 옛날과 오늘날의 도구와 기계

7 – 유리 닦는 기계

### 2 주제 : 바퀴

8 – 바퀴가 있는 것들을 모아 보세요

9 – 어떤 모양이 잘 굴러갈까?

10 – 바퀴 그림 그리기

11 – 바퀴 달린 것을 만들어 보세요

12 – 구르는 것과 구르지 않는 것

### 3 주제 : 돋보기

13 – 크기가 다른 돋보기

14 – 작고 작은 것들을 찾아봐요

15 – 흙 속에 어떤 것들이 들어 있을까?

16 – 유리컵 돋보기

## 2. 활동 과정

## 활동 1 | 생활을 편리하게 해 주는 도구와 기계

**대상 연령** 만 4세

**활동 목표** 기계가 우리의 생활을 편리하게 해 주는 것을 안다.

**보육 과정 요소** 과학적 탐구하기〉 간단한 도구와 기계 활용〉 기계 도구의 편리함에 관심 갖기

**준비물** 병따개, 뒤집개, 망치, 세발자전거, 유아용 킥보드

**활동 방법**

1) 주변에서 생활을 편리하게 해 주는 도구 기계는 어떤 것이 있는지 알아본다.
2) 병따개를 보여 주고, 이것이 없다면 병을 어떻게 딸 수 있는지 이야기 나눈다.
   뒤집개를 보여 주고, 이것이 없다면 프라이팬의 뜨거운 음식을 어떻게 뒤집을 수 있는지 이야기 나눈다.
   망치를 보여 주고, 이것이 없다면 못을 어떻게 박을 수 있는지 이야기 나눈다.
3) 세발자전거를 탔을 때의 경험과 걸을 때를 비교해서 이야기해 본다.
   - 어느 쪽이 더 편리하니? 왜 그럴까?
4) 킥보드를 탔을 때의 경험과 걸을 때를 비교해서 이야기해 본다.
   - 어느 쪽이 더 편리하니? 왜 그럴까?
5) 밖으로 나가서 세발자전거와 킥보드를 타며 논다.

## 활동 2 | 그림자 카드를 놓아 보세요

**대상 연령** 만 4세

**활동 목표** 다양한 기계와 도구의 모양을 안다.

**보육 과정 요소** 과학적 탐구하기〉 간단한 도구와 기계 활용〉 기계 도구 사용하기

**준비물** 게임판 2개, 물체 그림 카드와 그림 카드에 있는 그림자 카드 각각 18장씩

### 활동 방법

1) 준비된 자료를 살펴본다.
2) 게임할 유아들이 각각 게임판을 하나씩 가져간다.
3) 물체 그림 카드 아홉 장을 선택하여 각각 자신의 게임판 위에 올려놓는다.
4) 그림자 카드는 그림이 보이지 않도록 뒤집어 놓는다.
5) 순서를 정한 후 그림자 카드를 한 장씩 뒤집어 자신의 게임판 위에 있는 물체 그림의 그림자이면 가져가서 나란히 놓는다.
6) 게임판 위의 그림자 카드를 다 채우면 게임이 끝난다.

## 활동 3 | 부엌에서 사용하는 도구와 기계

**대상 연령** 만 5세

**활동 목표** 기계가 우리의 생활을 편리하게 해 주는 것을 안다.

**보육 과정 요소** 과학적 탐구하기〉 간단한 도구와 기계 활용〉 기계 도구의 편리함에 관심 갖기

**준비물** 부엌에서 사용하는 도구와 기계(감자 깎는 도구, 통조림 따는 도구, 땅콩 호두 까는 기계, 체(여과기), 마늘 가는 기계), 자료(감자, 통조림, 호두 등)

**활동 방법**

1) 준비된 기계를 하나씩 보며 이야기 나눈다.
   - 이런 기계를 본 적이 있니?
   - 어떤 일을 하는 기계일까?
   - 왜 사람들이 이 기계를 만들었을까?
2) 준비된 자료(감자, 통조림, 호두 등)로 직접 도구를 사용하여 본다. 먼저 교사가 시범을 보인 후 유아들이 직접 사용하는 경험을 하도록 한다.
3) 기계를 사용해 본 느낌에 대해 이야기 나눈다.

## 활동 4 | 작은 물건을 핀셋으로 옮기기

**대상 연령** 만 5세

**활동 목표** 도구를 이용하여 물체를 편리하게 들을 수 있음을 안다.

**보육 과정 요소** 과학적 탐구하기〉 간단한 도구와 기계 활용〉 기계 도구 활용하기

**준비물** 다양한 작은 물건(여러 가지 크기의 단추, 빨래집게, 돌멩이, 머리핀, 헝겊, 가죽 조각, 나무 조각, 플라스틱 조각), 물건을 분류하여 담을 접시, 핀셋, 주사위

**활동 방법**

1) 준비된 자료를 살펴본다.
2) 게임 방법을 알아본다.
   - 사각형과 삼각형의 두 개의 주사위를 동시에 던져 나온 물건과 숫자만큼 핀셋으로 집어서 해당하는 접시에 담아 보세요.
3) 순서를 정한 후 게임을 시작한다.
4) 분류할 물체가 없으면 게임이 끝난다.
5) 접시에 담겨진 물체의 수를 세어 본다.

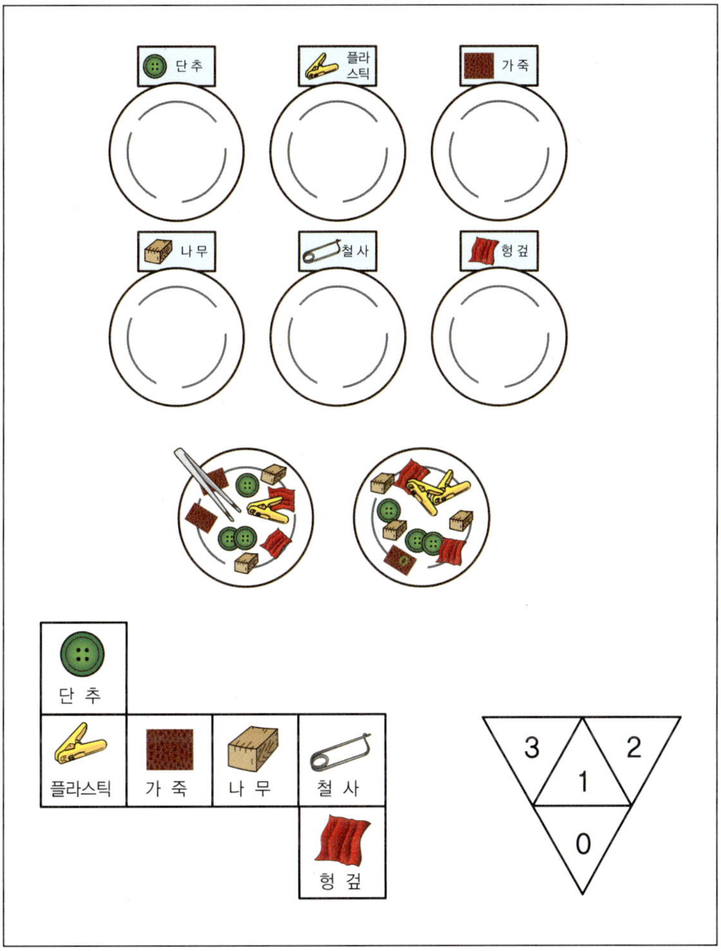

단추
플라스틱
가죽
나무
철사
헝겊
단 추
플라스틱
가 죽
나 무
철 사
헝 겊
3
2
1
0

## 활동 5 | 도르래놀이

**대상 연령** 만 5세

**활동 목표** 도르래를 관찰하고 도르래의 기능을 알아본다.

**보육 과정 요소** 과학적 탐구하기〉 간단한 도구와 기계 활용〉 기계 도구 사용하기

**준비물** 도르래, 물건(책, 나무 블록, 계란 등), 손잡이가 달린 플라스틱 바구니, 끈

**활동 방법**

1) 교사는 활동하기 전날 교실 천장에 도르래를 걸 수 있는 고리를 만들어 둔다.
2) 활동에 참여하는 유아와 함께 물건들을 바구니에 담아 본다.
3) 물건의 개수를 점차 늘려 가며 손으로 들어 본다.
4) 유아들과 좀 더 쉽게 물건을 들어 올릴 수 있는 방법에 대해 알아본다.
5) 도르래를 소개해 주고 모양과 움직임을 살펴본다.
6) 도르래에 끈을 꿰어 천장에 매단 후, 바구니를 끈 한쪽에 튼튼하게 묶는다.
7) 직접 끈의 다른 쪽을 잡아 당겨 바구니를 들어 올려 본 후, 손으로 들어 올렸을 때와 어떻게 다른지 알아본다.
8) 그림 자료와 책을 통해 도르래의 활용에 대해 알아본다.

## 활동 6 | 옛날과 오늘날의 도구와 기계

**대상 연령** 만 5세

**활동 목표** 여러 가지 도구와 기계의 용도를 안다.
옛날에 사용한 도구와 현재에 사용하는 도구의 차이를 비교해 본다.

**보육 과정 요소** 과학적 탐구하기〉 간단한 도구와 기계 활용〉 기계 도구 사용하기

**준비물** 기본판, 그림 카드

**활동 방법**

1) 기본판을 나누어 갖는다.
2) 한쪽에 그림이 보이지 않도록 카드를 쌓아 놓는다.
3) 순서를 정한다.
4) 쌓아 놓은 카드 중 위에 있는 카드를 뒤집어서 자기의 기본판에 있는 그림과 관계가 있으면 그 그림 위에 가져다 놓는다. 자기 판에 있는 그림과 관계없는 것이 나오면 쌓아 놓은 카드의 맨 밑에 다시 끼워 놓는다.
5) 자기 기본판을 먼저 채우면 이기게 된다.

## 활동 7 | 유리 닦는 기계

**대상 연령** 만 5세

**활동 목표** 생활 주변에서 볼 수 있는 기계에 대한 관심을 갖는다.

**보육 과정 요소** 과학적 탐구하기〉 간단한 도구와 기계 활용〉 기계 도구 사용하기

**준비물** 유리 닦는 기계(와이퍼)와 사진 자료

**활동 방법**

1) 유아들과 자동차를 타 본 경험을 이야기하면서, 자동차 앞 유리창에 있는 유리 닦는 기계를 본 적이 있는지 알아본다.
2) 교사가 유리 닦는 기계를 유아들에게 보여 주고 좌우로 움직여 본다.
3) 느낌을 서로 이야기한다.
   - 비가 올 때 차 유리 닦는 기계가 고장 나 움직이지 않으면 어떤 일이 생길까?
4) 유아들이 직접 유리 닦는 기계를 조작해 보도록 한다.

## 활동 8 | 바퀴가 있는 것들을 모아 보세요

**대상 연령** 만 4세

**활동 목표** 둥근 바퀴는 물체를 잘 굴러가게 한다는 것을 안다.

**보육 과정 요소** 과학적 탐구하기〉 간단한 도구와 기계 활용〉 기계 도구 사용하기

**준비물** 바퀴가 있는 물체들(장난감 자동차, 트럭, 롤러스케이트 등)

**활동 방법**

1) 교실 안에 있는 다양한 물체 가운데 바퀴가 있는 것들을 모아 본다.

2) 각각의 자료들을 움직여 본다.

- 무엇이 앞으로 움직이게 하는 걸까?
- 어느 것이 제일 잘 움직이니?
- 큰 바퀴와 작은 바퀴 중 어느 것이 더 잘 움직이니?

## 활동 9 | 어떤 모양이 잘 굴러갈까?

**대상 연령** 만 4세

**활동 목표** 둥근 바퀴는 물체를 잘 굴러가게 한다는 것을 안다.

**보육 과정 요소** 과학적 탐구하기〉 간단한 도구와 기계 활용〉 기계 도구 사용하기

**준비물** 하드보드지(삼각형, 사각형, 원, 십자 모양), 굵은 빨대

**활동 방법**

1) 준비된 여러 가지 모양의 하드보드지를 굵은 빨대에 끼워 본다.
2) 책상 위에서 각각의 모양을 굴려 보도록 한다.
   - 어떤 모양이 가장 잘 굴러갈까?
   - 어떤 모양이 가장 안 굴러갈까?
3) 다양한 모양의 바퀴를 모두 굴려 본 후 이야기를 나눈다.
   - 어떤 모양이 가장 잘 굴러갔니?
   - 어떤 모양이 가장 안 굴러갔니?
   - 동그라미 바퀴가 가장 잘 굴러가는 이유는 무엇일까?
4) 교사는 동그라미 바퀴가 뾰족한 모서리가 없어서 잘 굴러감을 설명한다.

## 활동 10 | 바퀴 그림 그리기

**대상 연령** 만 5세

**활동 목표** 둥근 바퀴는 물체를 잘 굴러가게 한다는 것을 안다.

**보육 과정 요소** 과학적 탐구하기〉 간단한 도구와 기계 활용〉 기계 도구 사용하기

**준비물** 바퀴의 무늬가 다른 여러 가지 놀이용 자동차(미니카), 솜을 깐 물감 접시 3~4개, 도화지(2절 크기), 장판지, 비닐 앞치마, 테이프

**활동 방법**

1) 비닐 앞치마를 입는다.
2) 바닥에 장판지를 깔고 그 위에 도화지를 올려놓은 다음 테이프로 고정시킨다.
3) 도화지에 이름을 적는다.
4) 놀이용 자동차를 물감 접시에 굴려 바퀴에 물감을 묻힌다. 이때 물감의 농도는 진해야 한다.
5) 도화지에 자동차를 굴려 나타난 모양을 관찰한다.
6) 여러 종류의 자동차를 굴려서 나타난 바퀴 무늬를 감상한다.
   - 이 무늬는 어떤 자동차의 무늬일까? 어떻게 알 수 있니?
7) 도화지가 다 마른 후 바퀴 자국 위에 여러 가지 자동차를 그려 넣는다.

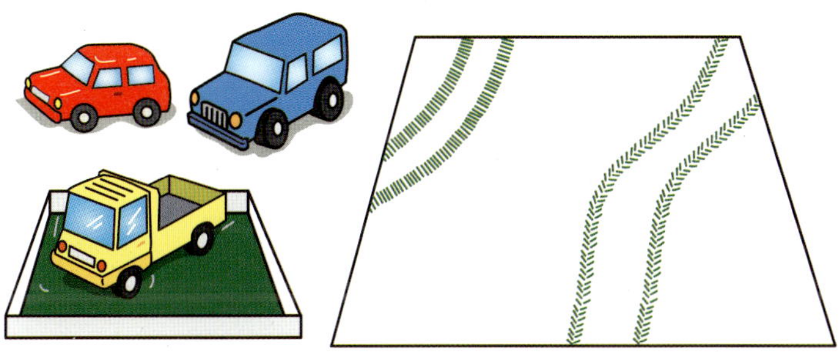

## 활동 11 | 바퀴 달린 것을 만들어 보세요

**대상 연령** 만 5세

**활동 목표** 바퀴를 가지고 있는 물건의 종류를 안다.

**보육 과정 요소** 과학적 탐구하기〉 간단한 도구와 기계 활용〉 기계 도구 사용하기

**준비물** 다양한 형태의 바퀴(플라스틱 바퀴, 나무 바퀴 큰 것과 작은 것), 크고 작은 용기나 상자(우유갑, 구두 상자, 선물 상자 등), 빨대 또는 연필, 지우개, 끈 또는 리본,

**활동 방법**

1) 준비된 자료들을 살펴본다.
2) 자료를 이용해 바퀴 달린 것을 만든다.
   ① 용기나 상자 중 1개를 선택하여 밑면에 두 군데 쌍으로 구멍을 뚫어서 빨대나 연필을 끼운다.
   ② 상자에 끼운 빨대나 연필에 바퀴 두 쌍을 붙인다.
   ③ 바퀴가 빠지지 않도록 종이나 지우개 조각으로 고정시킨다.
3) 유아들이 만든 것을 직접 굴려 본다. 이때, 잘 굴려지지 않는 것은 왜 그런지 알아보고 수리한다.

## 활동 12 | 구르는 것과 구르지 않는 것

**대상 연령** 만 5세

**활동 목표** 바퀴를 가지고 있는 물건의 종류를 안다.

**보육 과정 요소** 과학적 탐구하기〉 간단한 도구와 기계 활용〉 기계 도구 사용하기

**준비물** 굴릴 수 있는 물체(미니카, 구슬 등), 굴릴 수 없는 물체(공룡 모형, 지우개 등), 경사로

**활동 방법**

1) 준비된 자료들을 살펴본다.
2) 경사로를 이용해 물건들을 굴려 본다.
3) 잘 굴러가는 것과 구르지 않는 것을 구분하여 접시에 담는다.
4) 굴러가는 물건들의 같은 점을 찾아본다.
   - 이 물건들은 왜 잘 굴러갈까?
   - 어느 물건이 제일 잘 굴러갔니? 왜 그럴까?
5) 주변에서 굴러가는 물건과 안 굴러가는 물건을 찾아서 굴려 본다.

## 활동 13 | 크기가 다른 돋보기

**대상 연령** 만 4세

**활동 목표** 돋보기는 물건을 크게 보이게 함을 안다.

**보육 과정 요소** 과학적 탐구하기〉 간단한 도구와 기계 활용〉 기계 도구 사용하기

**준비물** 여러 가지 크기의 돋보기, 주변에 있는 다양한 놀잇감

**활동 방법**

1) 준비된 돋보기들을 살펴본다.
   - 돋보기끼리 비교해 보자. 같은 점은 무엇이니? 어떤 점이 다르니?
   - 돋보기의 볼록한 부분을 만져 보자.
   - 돋보기 중에서 가장 큰 것은 어느 것이니? 가장 작은 것은 어느 것이니?
2) 준비된 여러 가지 크기의 돋보기를 이용해 물건을 비춰 보게 한다.
   - 어느 돋보기로 비추었을 때 물건이 가장 크게 보이니?
   - 돋보기마다 물건이 크게 보이는 정도가 다른 것은 왜 그럴까?

## 활동 14 | 작고 작은 것들을 찾아봐요

**대상 연령** 만 4세

**활동 목표** 돋보기는 물건을 크게 보이게 함을 안다.

**보육 과정 요소** 과학적 탐구하기〉 간단한 도구와 기계 활용〉 기계 도구 사용하기

**준비물** 돋보기

**활동 방법**

1) 유아들에게 너무 작아서 우리 눈으로 자세히 볼 수 없지만 돋보기를 사용하면 볼 수 있는 것은 무엇이 있는지 알아보자고 한다.
2) 유아들이 직접 돋보기를 비추며 지금까지 눈으로 보지 못했던 작은 것들을 찾아보게 한다.

- 동전에 있는 그림이나 숫자
- 친구 머리카락
- 손가락의 지문
- 단추 안의 무늬
- 작은 풀의 뿌리
- 옷에 있는 실, 깃털

3) 유아들이 각자 찾은 것을 친구들에게 이야기해 본다.

## 활동 15 | 흙 속에 어떤 것들이 들어 있을까?

**대상 연령** 만 4세

**활동 목표** 돋보기는 물건을 크게 보이게 함을 안다.

**보육 과정 요소** 과학적 탐구하기〉 간단한 도구와 기계 활용〉 기계 도구 사용하기

**준비물** 돋보기, 큰 숟가락 또는 국자, 신문지, 체

**활동 방법**

1) 유아와 함께 실외 놀이터에 간다.
2) 흙을 두세 숟가락 떠서 신문지에 펼쳐 놓는다.
   - 이 흙 속에는 어떤 것들이 있을까?
   - 좀 더 자세히 알려면 어떻게 하면 될까?
3) 체로 흙을 걸러 낸 후 돋보기로 흙 속에 있는 풀, 돌멩이 등을 관찰한다.
   - 돋보기가 없다면 흙이 무엇처럼 보일까?
   - 돋보기로 보니 어떻게 보이니?
4) 흙 속에서 걸러 낸 물건을 사진으로 게시한다.

## 활동 16 | 유리컵 돋보기

**대상 연령** 만 5세

**활동 목표** 돋보기는 둥글어서 물건을 크게 보이게 한다는 것을 안다.

**보육 과정 요소** 과학적 탐구하기〉 간단한 도구와 기계 활용〉 기계 도구 사용하기

**준비물** 투명하고 둥근 유리컵, 돋보기, 작은 물체(돌멩이, 조개껍질, 작은 숟가락 등), 물

### 활동 방법

1) 투명한 유리컵에 물을 담는다.
2) 물속에 작은 물체를 넣고 들여다 본다.
3) 물체를 꺼내어 관찰한 후 다시 물속에 넣고 살펴본다.
   - 물속에 넣었을 때와 꺼내서 보았을 때 어떻게 다르니?
4) 컵의 모양을 살펴본 후 돋보기의 렌즈와 비교해 본다.
   - 돋보기의 렌즈를 만져 보자. 가운데 부분이 어떤 모양이니?
   - 물컵에 넣었을 때 왜 돋보기처럼 크게 보일까?
5) 주변에 물체를 크게 보이게 하는 것들은 어떤 것들이 있는지 알아본다.

2장

# 물체와 물질 과학 활동

## 1. 주제별 활동 내용

### 1 주제 : 거울

1 – 거울에 반대로 보여요

2 – 나를 비추어 볼 수 있는 것들

3 – 두 개의 큰 거울을 이용하여 다양한 모습 만들기

4 – 거울이 되어 보세요

### 2 주제 : 공기

5 – 공기를 담을 수 있는 것은 어떤 것일까?

6 – 공기를 잡아 보세요

7 – 터지지 않는 물풍선

8 – 불어서 넣어 보세요

9 – 책상 위의 장애물놀이
10 – 어느 병 안의 촛불이 먼저 꺼질까?
11 – 병 안으로 달걀을 넣어 봐요

### 3 주제 : 빛과 그림자

12 – 전등을 비추어 모양을 만들어 봐요
13 – 그림자상자놀이
14 – 빛을 내는 물체
15 – 빛 모으기
16 – 그림자를 그려 봐요
17 – 다양한 우산 그림자

### 4 주제 : 색깔

18 – 어떤 색으로 보일까?
19 – 카드와 같은 색깔을 가진 물체 찾기
20 – 색 물방울 카드처럼 만들어 보세요
21 – 색 물감 섞기
22 – 색 팽이를 돌려 봐요
23 – 빙글빙글 팽이
24 – 색이 보이지 않아요
25 – 색깔 막대 게임

### 5 주제 : 소리

26 – 여러 가지 소리를 만들어요
27 – 신문지로 다양한 소리를 내 봐요
28 – 흔들면 소리 나는 악기 만들기
29 – 부채 악기 만들기
30 – 고무줄 악기 만들기
31 – 노래하는 컵
32 – 톡톡 튀는 설탕

**6 주제 : 자석**

33 – 어느 것이 자석에 붙을까?
34 – 자석낚시놀이
35 – 자석에 붙는 것과 붙지 않는 것
36 – 자석이 되어 보세요
37 – 춤추는 클립과 자석
38 – 비행기를 공중에 떠 있게 해 봐요
39 – 자석 자동차를 만들어 보세요

**7 주제 : 전기**

40 – 전기는 힘이 있어요
41 – 풍선으로 정전기 일으키기
42 – 신문지로 정전기 일으키기
43 – 손전등에 불이 들어와요

**8 주제 : 요리**

44 – 샌드위치놀이
45 – 달걀 샌드위치
46 – 복숭아 셰이크
47 – 삼각 주먹밥
48 – 햄, 오이, 메추리 알 꼬치
49 – 핫케이크
50 – 과자 샌드위치
51 – 팝콘
52 – 소고기 간장 떡 볶음
53 – 짜장밥
54 – 송편

## 2. 활동 과정

### 활동 1 | 거울에 반대로 보여요

**대상 연령** 만 4세

**활동 목표** 거울에 비칠 때 실제의 왼쪽과 오른쪽은 반대로 보이는 것을 안다.

**표준교육과정** 과학적 탐구하기〉 물체와 물질 알아보기〉 물체 기본 특성 알기

**준비물** 전신 거울

**활동 방법**

1) 유아들이 각자 자기 얼굴을 거울에 비추어 보게 한다.
   - 거울 속의 얼굴은 어떻게 보일까?
   - 거울 속의 얼굴을 만져 볼 수 있을까?
2) 거울을 보며 다양한 표정을 지어 보게 한다.

3) 거울을 보며 여러 동작을 만들어 보게 한다.
   - 거울을 보고 오른손을 들어 보자. 거울 속에는 어떤 손이 들려 있니?
   - 왼쪽 귀를 만져 보자. 거울 속에서는 어떻게 보이니?
4) 교사는 거울에 비치는 모습을 실제의 왼쪽과 오른쪽이 반대로 보인다는 것을 설명해 준다.
5) 동시 '거울 속에 있는 나'를 들려준다.

## 활동 2 | 나를 비추어 볼 수 있는 것들

**대상 연령** 만 4세

**활동 목표** 주변에 비출 수 있는 물건이 있음을 안다.

**표준교육과정** 과학적 탐구하기〉 물체와 물질 알아보기〉 물체 기본 특성 알기

**준비물** 거울, 숟가락, 쿠킹포일, 휴대폰, 반짝이는 화장품 케이스

**활동 방법**

1) 유아들에게 방 안에 있는 물체 중에서 자신의 모습을 비춰 볼 수 있는 것은 무엇이 있는지 찾아보게 한다.
   - 방 안에서 모습을 비출 수 있는 물체를 찾아보자.
2) 찾은 물건(거울, 숟가락, 쿠킹포일 등)을 모아 놓고 자신의 모습을 비추어 본다.
   - 거울과 쿠킹포일에 비춰진 모습이 어떠니?
   - 다르게 비춰지는 것은 무엇 때문일까?
3) 모습을 비출 수 있는 것들을 모두 모아 게시판을 만들고, 과학 영역 벽면에 걸어 두고 얼굴을 비춰 보도록 한다.

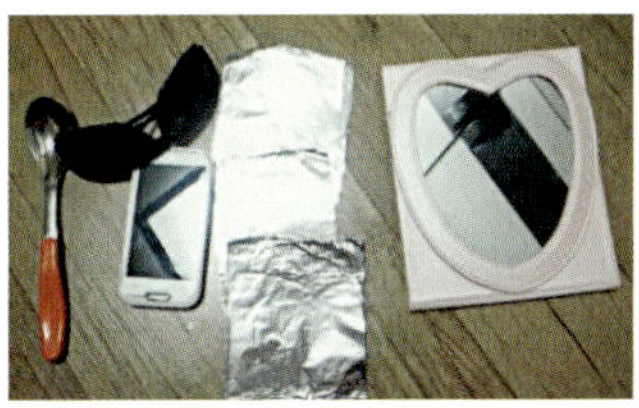

## 활동 3 | 두 개의 큰 거울을 이용하여 다양한 모습 만들기

**대상 연령** 만 5세

**활동 목표** 두 거울이 서로 비추면서 다양한 모습을 만든다는 것을 안다.

**표준교육과정** 과학적 탐구하기〉 물체와 물질 알아보기〉 물체 기본 특성 알기

**준비물** 전신 거울 2개

**활동 방법**

1) 전신 거울을 두 개 준비하여 약 두세 걸음 떨어진 위치에 마주 보게 놓아둔다.
2) 유아가 두 개의 거울 사이에 서서 다양한 모습을 만들어 보게 한다.
   - 거울 한 개로 볼 때와 두 개로 볼 때 어떻게 다른 것 같니?
   - 너는 지금 어떤 모습을 하고 있니?
3) 유아가 경험한 거울 속의 모습을 언어로 표현하거나 그림으로 직접 그려 보도록 한다.
   - 거울 사이에서 본 모습을 설명해 보자.
   - 거울 사이에서 본 모습을 그려 보자.

## 활동 4 | 거울이 되어 보세요

**대상 연령** 만 5세

**활동 목표** 모습을 그대로 비추는 거울의 기능을 안다.

**표준교육과정** 과학적 탐구하기〉 물체와 물질 알아보기〉 물체 기본 특성 알기

**준비물** 전신 큰 거울

**활동 방법**

1) 유아들이 전신 큰 거울에 자신을 비추어 보게 한다.
2) 유아 두 명씩 짝을 지어 한 명의 유아가 거울이 되고, 다른 유아는 거울을 보고 동작을 만드는 사람이 되어 보기로 한다.
3) 둘이 마주 보고 선다.
4) 거울이 된 유아는 다른 유아의 모습과 행동을 거울처럼 그대로 따라 해 본다.
   - 거울이 되어서 어떤 점이 재미있었니?
   - 거울이 되어서 어떤 점이 어려웠니?
5) 역할을 서로 바꾸어서 활동해 본다.

## 활동 5 | 공기를 담을 수 있는 것은 어떤 것일까?

**대상 연령** 만 4세

**활동 목표** 공기가 있음을 안다.

**보육 과정 요소** 과학적 탐구하기〉 물체와 물질 알아보기〉 물질 기본 특성 알기

**준비물** 고무장갑, 비닐봉지, 종이봉투, 양파 자루, 양말

**활동 방법**

1) 고무장갑, 비닐봉지, 종이봉투, 양파 자루, 양말 등 준비한 자료를 살펴보고 공기를 담을 수 있는 것과 담지 못하는 것은 무엇인지 추측하여 본다.
2) 유아들이 직접 공기를 담는 실험을 해 보고, 예측한 것과 결과를 비교해 본다.
   - 여기에 공기를 담을 수 있을까? 없을까?
   - 이것은 왜 공기를 담을 수 없을까?
   - 공기를 담을 수 있는 물건들의 같은 점은 무엇일까?
3) 공기를 담을 수 있는 물건들과 공기를 담을 수 없는 물건들을 사진으로 찍어서 출력해 게시한다.

## 활동 6 | 공기를 잡아 보세요

**대상 연령** 만 4세

**활동 목표** 공기가 있음을 안다.

**보육 과정 요소** 과학적 탐구하기〉 물체와 물질 알아보기〉 물질 기본 특성 알기

**준비물** 보자기 또는 침대 시트 커버

**활동 방법**

1) 보자기를 바닥에 펼쳐 놓는다.
2) 교사는 유아들에게 이 보자기를 이용하여 공기를 손으로 잡아 보자고 이야기 한다.
3) 유아와 함께 보자기를 위로 올렸다가 빠른 속도로 떨어뜨려 본다. 이때, 보자기 속에 있는 공기를 손으로 잡기 위해 보자기 중앙에 블록이나 큰 공을 넣는다.
4) 천천히, 빠르게, 위로 높게, 아래로 낮게 등 여러 가지 다양한 방법으로 보자기를 움직이면서 공기를 잡아 보도록 한다.
   - 왜 보자기가 불룩할까? 안에 무엇이 있을까?
   - 보자기 안의 공기를 손을 넣어 만져 보자. 어떤 느낌이니?

## 활동 7 | 터지지 않는 물풍선

**대상 연령** 만 5세

**활동 목표** 물풍선에 열을 가하여도 열이 물로 전달되어 풍선이 터지지 않는 이유를 안다.

**보육 과정 요소** 과학적 탐구하기〉 물체와 물질 알아보기〉 물질 기본 특성 알기

**준비물** 물, 풍선, 성냥, 양초

**활동 방법**

1) 풍선 하나에 공기를 넣는다.
2) 다른 풍선에는 물을 넣는다.
3) 공기를 넣은 풍선과 물을 넣은 풍선을 똑같이 촛불 위에 댄다. 불을 사용하는 경우 유아들을 멀리 떨어져서 관찰하게 한다.
4) 어떻게 될지 예측한 후 관찰한다.
5) 공기만 있는 풍선은 터지고, 물을 넣은 풍선은 터지지 않는 것을 확인한다.
6) 왜 그렇게 되었는지 이야기한다.
   - 왜 공기를 넣은 풍선은 터졌을까?
   - 왜 물을 넣은 풍선은 터지지 않았을까?

## 활동 8 | 불어서 넣어 보세요

**대상 연령** 만 5세

**활동 목표** 빨대로 공기를 불어서 바람을 만들어 물건을 움직일 수 있음을 안다.

**보육 과정 요소** 과학적 탐구하기〉 물체와 물질 알아보기〉 물질 기본 특성 알기

**준비물** 불기에 사용할 여러 가지 자료(솜, 작은 스펀지, 탁구공 등), 다양한 굵기와 길이의 빨대, 골대

**활동 방법**

1) 준비된 자료들을 책상 위에 펼쳐 놓고 유아와 함께 탐색한다.

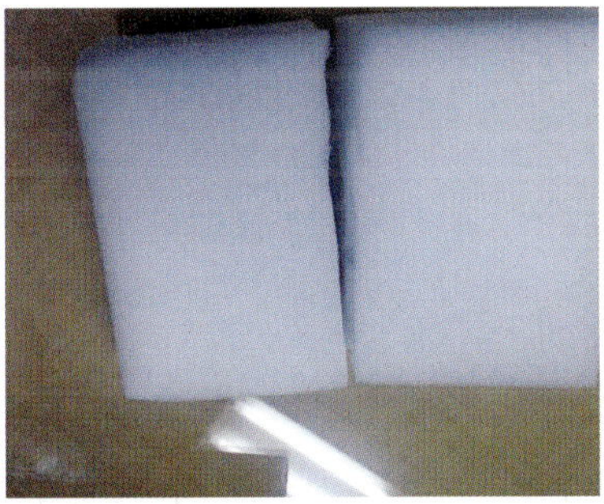

2) 준비된 자료를 움직일 수 있는 방법에 대해 알아본다.

3) 책상 위에서 유아의 생각대로 물체를 움직여 본다.

- 손가락으로 튕겨 보자.
- 주먹으로 쳐 보자.
- 빨대를 이용해 불어 보자.
- 입으로 불어 보자.

4) 교사가 빨대를 이용하여 입으로 바람을 불어서 자료를 움직이는 시범을 보이고, 유아들도 빨대를 이용하여 입으로 바람을 불어서 자료를 움직이는 경험을 하게 한다. 이때 빨대의 길이, 굵기, 입김의 세기에 따른 변화를 예측해 본다.

5) 골대를 책상 한쪽에 놓고, 유아들이 직접 준비한 자료들을 골대 안으로 넣어 보게 한다.

6) 유아들이 입김이나 빨대를 이용하여 준비한 자료들을 잘 움직이게 되면, 주사위를 던져서 나온 숫자만큼 불어서 골대에 집어넣기 게임을 한다.

## 활동 9 | 책상 위의 장애물놀이

**대상 연령** 만 5세

**활동 목표** 빨대로 공기를 불어서 물건을 움직일 수 있음을 안다.

**보육 과정 요소** 과학적 탐구하기〉 물체와 물질 알아보기〉 물질 기본 특성 알기

**준비물** 빨대, 탁구공, 장애물로 사용할 물건(작은 상자, 우유갑, 거친 모래 종이, 계란판 자른 것, 색 테이프, 종이컵, 스티로폼 등), 마스킹 테이프

**활동 방법**

1) 유아와 함께 책상 위에 장애물을 펼쳐 놓는다. 책상 가장자리는 공이 떨어지지 않도록 테두리 벽을 설치한다.
2) 장애물의 종류와 통과해야 하는 길에 대해 알아본다.
3) 공에 손을 대거나 빨대로 공을 직접 밀지 않고 입으로 불어서 통과하는 규칙을 정한다.
   - 한 번에 공을 조금씩 움직여서, 장애물을 통과하여 도착 지점으로 가 보자.
   - 빨대를 몇 번 불어서 장애물을 통과하여 도착 지점에 갈 것인지 기준을 정해 보자.
4) 출발 지점에 탁구공을 놓고 장애물을 통과하여 도착 지점에 이르게 한다.
5) 장애물의 수를 점차 늘려서 시합한다.

## 활동 10 | 어느 병 안의 촛불이 먼저 꺼질까?

**대상 연령** 만 5세

**활동 목표** 공기가 있어야 촛불이 탄다는 것을 안다.

**보육 과정 요소** 과학적 탐구하기〉 물체와 물질 알아보기〉 물질을 변화시키기

**준비물** 입구가 넓고 크기가 다른 3개의 유리병, 모조지, 양초 3개

**활동 방법**

1) 책상 위에 모조지를 깔고 양초 세 개를 고정시킨 후 불을 켠다.
2) 각각의 촛불에 크기가 다른 세 개의 병을 하나씩 거꾸로 씌운다.
3) 유아들이 병 속의 촛불이 어떻게 될지 예측한 후 관찰한다.
   - 어떤 병 속의 촛불이 제일 먼저 꺼질까? 왜 그럴까?
4) 교사는 촛불이 타기 위해서는 공기 안에 있는 산소가 필요하며, 병 안에 산소가 들어 있음을 이야기한다.
   - 어느 병의 촛불이 가장 빨리 꺼졌을까?
   - 어느 병의 촛불이 가장 늦게 꺼졌을까?
   - 왜 병 안의 촛불이 동시에 꺼지지 않았을까?

## 활동 11 | 병 안으로 달걀을 넣어 봐요

**대상 연령** 만 5세

**활동 목표** 공기의 압력 차에 따른 변화를 관찰한다.

**보육 과정 요소** 과학적 탐구하기〉 물체와 물질 알아보기〉 물질을 변화시키기

**준비물** 입구가 좁은 병, 삶은 달걀, 양초

**활동 방법**

1) 병 입구에 껍질을 깐 삶은 달걀을 올려놓는다. 이때, 병 속으로 달걀이 들어간다면 병의 입구가 더 작은 것을 선택해야 한다.
2) 달걀이 병 속에 들어가지 않음을 확인한 후, 달걀을 치우고 병 속에 초를 집어 넣는다.
3) 조심스럽게 병 속의 초에 불을 켠 후, 삶은 달걀을 병 입구에 올려놓는다.
   - 이 달걀이 어떻게 될까?
4) 삶은 달걀이 점차 병 속으로 들어가는 모습을 관찰한다.
   - 어떻게 해서 삶은 달걀이 병 속으로 들어갔을까?
5) 교사는 병 속에 있던 공기 중의 산소 때문에 초가 탔으며, 초가 타면서 병 속의 산소가 점차 줄어들어 병 입구에 있는 달걀이 산소가 없어진 병 속으로 들어가게 됨을 설명한다.

## 활동 12 | 전등을 비추어 모양을 만들어 봐요

**대상 연령** 만 4세

**활동 목표** 빛이 통과하지 못하는 곳에 그림자가 생김을 안다.

**보육 과정 요소** 과학적 탐구하기〉 물체와 물질 알아보기〉 물질 기본 특성 알기

**준비물** 다양한 모양 카드

**활동 방법**

1) 유아들에게 모양 카드를 보여 준다.
2) 카드의 구멍 난 모양에 손전등을 비추었을 때, 어떤 모양이 보일지 예측해 본다.
3) 교실 안의 불을 끈 후 모양 카드를 손에 들고 손전등으로 벽면 가까이에 비춘다.
   - 벽에 무엇이 나타났니?
   - 카드에 있는 모양과 같은 점은 무엇이니?
   - 카드에 있는 모양과 다른 점은 무엇이니?

4) 다른 모양의 카드를 들고 다시 비춰 본다.
5) 모양 카드대신 손가락으로 구멍난 모양을 만들어서 비춰 본다.

## 활동 13 | 그림자상자놀이

**대상 연령** 만 4세

**활동 목표** 빛이 통과하지 못하는 곳에 그림자가 생김을 안다.

**보육 과정 요소** 과학적 탐구하기〉 물체와 물질 알아보기〉 물질 기본 특성 알기

**준비물** 그림자 상자, 손전등, 작은 인형 놀잇감, 색연필, 가위

**활동 방법**

1) 유아들에게 그림자 상자를 보여 준다.
   - 어떻게 사용하는 물건일까?
2) 그림자 상자에 가위를 넣고 손전등을 비추어서 그림자를 만든다.
   - 어느 물건의 그림자일까?
3) 그림자 상자에 다른 자료를 차례로 넣어서 그림자를 만든다.
   - 어느 물건의 그림자일까?

## 활동 14 | 빛을 내는 물체

**대상 연령** 만 4세

**활동 목표** 빛을 내는 물체의 종류를 안다.

**보육 과정 요소** 과학적 탐구하기〉 물체와 물질 알아보기〉 물질 기본 특성 알기

**준비물** 잡지나 카탈로그, 전지, 풀, 가위

**활동 방법**

1) 준비된 잡지나 카탈로그를 보며 빛을 내는 물체의 그림을 찾는다.
(형광등, 손전등, 촛불, 태양, 자동차 헤드라이트 등)
2) 전지에 '빛을 내는 물체'라고 제목을 써서 교실 벽면에 붙인다.
3) 유아들이 찾아낸 그림에 대해 이야기를 나눈 후, 오려서 함께 전지에 붙인다.
   - 자신이 찾은 물건을 설명해 보자.
   - 친구들이 찾은 물건을 살펴보자.
4) 공동 작업이 끝난 후에도 이후 며칠 동안 유아들과 빛을 내는 물체를 더 찾아내어 추가시킨다.

## 활동 15 | 빛 모으기

**대상 연령** 만 5세

**활동 목표** 햇빛을 모으면 물건을 태우거나 녹일 수 있을 만큼 열이 난다는 것을 안다.

**보육 과정 요소** 과학적 탐구하기〉 물체와 물질 알아보기〉 물질을 변화시키기

**준비물** 돋보기(볼록 렌즈), 검은 종이, 얼은 버터

**활동 방법**

1) 유아들과 함께 밖으로 나간다.
2) 유아들이 직접 돋보기를 가지고 햇빛을 모아, 검은 종이와 얼은 버터가 타고 녹는 것을 실험하고 관찰한다.
3) 유아들이 직접 실험과 관찰을 통해 빛을 모으는 것을 경험하게 하면서 열이 난다는 사실을 알게 한다.
4) 종이가 타게 되므로 불씨가 남아 있지 않도록 주의한다.

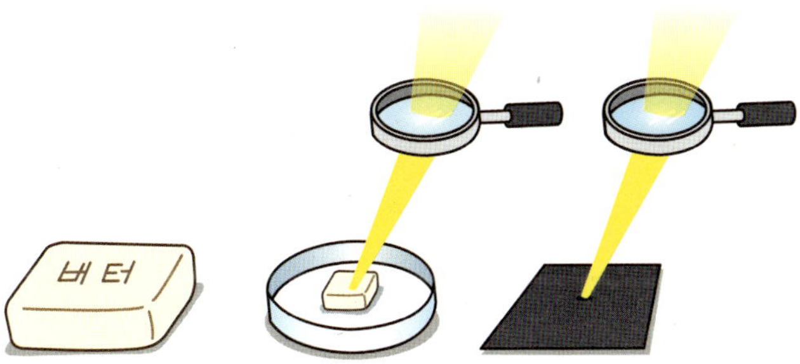

## 활동 16 | 그림자를 그려 봐요

**대상 연령** 만 5세

**활동 목표** 빛이 통과하지 못하는 곳에 그림자가 생김을 안다.
그림자에 대해 관심을 갖는다.

**보육 과정 요소** 과학적 탐구하기〉 물체와 물질 알아보기〉 물질 기본 특성 알기

**준비물** 흰 도화지, 연필

**활동 방법**

1) 햇빛이 있는 날, 실외에서 여러 가지 물건의 그림자가 생긴 것들을 찾아본다.
2) 그림자를 그릴 수 있는 방법을 알아본다.
   - 나무 막대로 땅바닥에 직접 그려 볼까?
   - 종이를 대고 그려 볼까?
3) 두 명의 유아가 짝을 지어 한 명의 유아는 흰 도화지를 그림자가 나타난 물체 뒤에 대고 다른 유아는 그린다.
4) 교실에 들어와 유아들이 그린 그림자를 보며 이야기를 나눈다.
   - 어떤 물체의 그림자를 그렸니?
5) 그림자 그림과 원래 물건의 사진을 같이 게시한다.

## 활동 17 | 다양한 우산 그림자

**대상 연령** 만 5세

**활동 목표** 빛이 통과하지 못하는 곳에 그림자가 생김을 안다.

**보육 과정 요소** 과학적 탐구하기〉 물체와 물질 알아보기〉 물질 기본 특성 알기

**준비물** 우산

**활동 방법**

1) 실외에 나가 우산을 펴고 여러 형태의 그림자를 만들어 본다.
2) 우산을 드는 위치나 방향에 따라 그림자의 모양이나 크기가 달라지는 것을 관찰한다.
   - 우산 그림자를 제일 크게 만들려면 우산을 어떻게 들면 될까?
   - 우산 손잡이가 길게 나오도록 그림자를 만들려면 어떻게 해야 할까?
3) 다양한 형태의 우산 그림자를 만들어 보게 한다.
4) 우산으로 그림자 만드는 모습을 사진으로 찍어서 게시한다.

## 활동 18 | 어떤 색으로 보일까?

**대상 연령** 만 3세

**활동 목표** 두 가지 색이 합쳐져 다른 색이 된다는 것을 안다.

**보육 과정 요소** 과학적 탐구하기〉 물체와 물질 알아보기〉 물질을 변화시키기

**준비물** 하드보드지, 투명 색판, 셀로판지, 색지

### 만드는 방법

• 망원경

1) 하드보드지에 망원경 전개도를 그려 탄탄하게 붙인다.

2) 색 돋보기를 끼울 수 있게, 두 개의 간격을 약 1㎝ 정도로 만든다.

3) 모서리 부분에 마스킹 테이프를 붙인다.

• 색 돋보기

1) 상자를 이용하여 돋보기 모양을 자른다.

2) 투명 색판을 그 위에 붙인 뒤, 색에 맞춰 색지를 붙인다.

3) 모서리를 테이프로 붙인다.

**활동 방법**

1) 색 망원경 교구를 탐색한다.
2) 한 개의 색 돋보기를 끼고 사물을 관찰한다.
3) 두 개의 색 돋보기를 끼고 다양한 사물들을 살펴본다.
4) 한 가지 색으로 볼 때와 두 가지 색으로 볼 때의 차이점을 이야기한다.

## 활동 19 | 카드와 같은 색깔을 가진 물체 찾기

**대상 연령** 만 4세

**활동 목표** 여러 가지 색깔이 있음을 안다.

**보육 과정 요소** 과학적 탐구하기〉 물체와 물질 알아보기〉 물질 기본 특성 알기

**준비물** 색깔 카드(빨간색, 파란색, 초록색, 노란색, 검은색 등)

**활동 방법**

1) 준비된 카드를 보며 색 이름을 알아본다.
2) 유아들이 원하는 색깔 카드를 한 장씩 선택한다.
3) 카드에 있는 색깔과 같은 색의 물체를 주변에서 찾아온다. 이때, 물체에 색깔 카드를 대보고 색을 비교해 본다. 교실 안이나 놀이터 또는 언어 영역 등을 지정하여 활동할 수 있다.
4) 유아들이 수집한 자료들을 함께 살펴본 후 제자리에 갖다 놓는다.

## 활동 20 | 색 물방울 카드처럼 만들어 보세요

**대상 연령** 만 5세

**활동 목표** 여러 가지 색깔이 있음을 안다.

**보육 과정 요소** 과학적 탐구하기〉 물체와 물질 알아보기〉 물질을 변화시키기

**준비물** 색 물방울 카드, 스포이트, 투명한 플라스틱 용기, 물감(빨간색, 파란색, 노란색)

**활동 방법**

1) 다양한 색깔의 색 물방울 카드를 준비한다.
2) 유아들과 준비한 카드를 보며 물방울의 색깔과 수를 알아본다.
3) 세 가지색 물감(빨간색, 파란색, 노란색)을 엷게 타 놓는다.
4) 활동에 참여하는 유아는 색 물방울 카드 중 하나를 선택한다.
5) 각자 투명한 플라스틱 용기에 스포이트로 물감을 떨어뜨린다. 자신이 선택한 색 물방울 카드에 있는 색깔과 수에 맞춰서 물감을 떨어뜨린 후 비교해 본다.

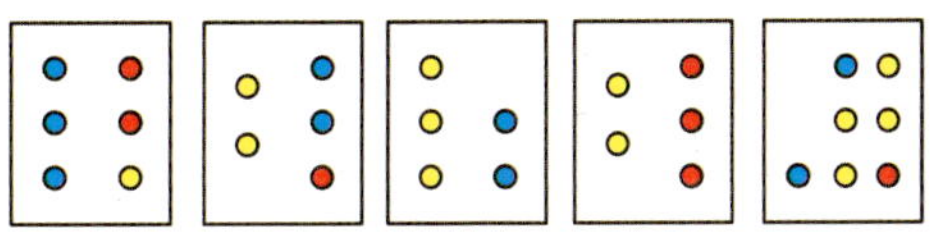

## 활동 21 | 색 물감 섞기

**대상 연령** 만 5세

**활동 목표** 색깔이 섞이면 다른 색이 됨을 안다.

**보육 과정 요소** 과학적 탐구하기〉 물체와 물질 알아보기〉 물질을 변화시키기

**준비물** 물감(빨간색, 파란색, 노란색), 스포이트 3개, 빨대, 수건, 비닐 깔개, 한지(종이 키친타월), 계란 포장용 플라스틱 뚜껑, 접시, 비닐 앞치마

### 활동 방법

1) 책상 위에 비닐 깔개 또는 신문지를 깔고 자료를 준비해 놓는다. 오목한 구멍이 여러 개인 계란 포장용 플라스틱 뚜껑을 유아에게 한 개씩 준다.
2) 유아가 스포이트를 이용해 물감을 접시에 떨어뜨린다. 이때, 스포이트 손잡이에 색깔을 붙여 놓아 한 가지 색을 사용할 수 있게 한다.
3) 빨대를 이용하여 접시에 떨어뜨린 물감들을 섞는다. 물감이 섞이는 과정을 유아와 함께 관찰한다.
4) 물감들이 섞여서 어떤 색깔이 되었는지 이야기한다.
   - 어떤 색이 되었니?
   - 어떤 색 물감과 물감을 섞었니?
5) 계란 포장용 플라스틱 뚜껑에 물감을 섞어 십여 개의 다른 색을 만들어 본다.
6) 각자 만든 물감을 이용하여 한지나 종이 키친타월에 색을 들인다.
7) 네모난 한지를 네 번 접어서 모서리마다 물감으로 색을 들인다.
8) 색 물이 든 한지를 신문지 위에 펴서 말린 후 창문에 붙인다.

〈색 물감 섞기〉

① 비닐 앞치마를 입는다.
② 계란 포장용 플라스틱 뚜껑을 앞에 가져다 놓는다.
③ 스포이트를 이용하여 물감을 접시에 떨어뜨린다.
④ 빨대를 이용하여 섞어 본다.
⑤ 색의 변화를 관찰한다.
⑥ 계란 포장용 플라스틱 뚜껑의 오목한 부분에 다양한 새로운 색을 만들어 본다.
⑦ 친구들이 만든 새로운 색의 물감을 관찰한다.

## 활동 22 | 색 팽이를 돌려 봐요

**대상 연령** 만 5세

**활동 목표** 색깔이 섞이면 다른 색이 됨을 안다.

**보육 과정 요소** 과학적 탐구하기〉 물체와 물질 알아보기〉 물질을 변화시키기

**준비물** 두꺼운 종이(약 10×10㎝ 크기의 마닐라지), 연필, 크레파스, 가위, 송곳

**활동 방법**

1) 두꺼운 도화지에 동그라미를 그리고 모양대로 오려서 팽이 모양을 만든다.
2) 오린 동그라미 안에 다양하게 선을 그어 여러 가지 색으로 색칠한다.
3) 교사가 송곳으로 중앙에 구멍을 뚫고, 연필을 꽂아서 팽이를 완성한다.
4) 연필의 아래쪽을 붙잡고 자신이 만든 팽이를 돌려 본다.
   - 어떻게 하면 팽이가 잘 돌아갈까?
   - 팽이가 돌아갈 때 색깔이 어떻게 보이니?
5) 다른 친구가 색칠한 팽이를 돌려 본다.
   - 팽이가 돌아갈 때 색깔이 어떻게 보이니?
6) 둥근 모양의 팽이 이외에 세모, 네모, 별 모양 등의 팽이를 만들어서 돌려 본 후 팽이가 돌아갈 때는 모양이 어떻게 다르게 보이는지 관찰한다.

## 활동 23 | 빙글빙글 팽이

**대상 연령** 만 5세

**활동 목표** 색깔이 섞이면 다른 색이 됨을 안다.

**보육 과정 요소** 과학적 탐구하기〉 물체와 물질 알아보기〉 물질을 변화시키기

**준비물** 여러 가지 색의 팽이를 붙인 팽이판

**활동 방법**

1) 팽이의 무늬를 관찰한다.
2) 팽이를 돌리면 어떻게 될지 예측해 본다.
3) 팽이를 돌려 본다.
4) 돌아가는 팽이의 다양한 무늬를 관찰해 본다.
5) 팽이를 하나씩 빼서 돌려 보며 누가 오래 돌아가나 시합을 해 본다.

## 활동 24 | 색이 보이지 않아요

**대상 연령** 만 5세

**활동 목표** 같은 색 셀로판지로 그림을 보았을 때 그림 속 같은 색은 셀로판지를 통과하지 못함을 안다.

**보육 과정 요소** 과학적 탐구하기〉 물체와 물질 알아보기〉 물질을 변화시키기

**준비물** 다양한 색의 셀로판지(2~3가지), 셀로판지와 같은 색의 수성펜, 도화지

**활동 방법**

1) 도화지에 수성펜으로 여러 색을 섞어 그림을 그리게 한다.
2) 그린 그림을 셀로판지를 통해 살펴보게 한다.
   - 빨간색 셀로판지로 보았을 때, 그림이 어떻게 보이니?
   - 그림 안의 빨간색이 어떻게 보이니? 왜 보이지 않을까?
   - 파란색 셀로판지로 볼까? 어떻게 보이니?
3) 교사는 같은 색의 셀로판지로 그림을 보았을 때 그림 속의 같은 색은 셀로판지를 통과하지 못해 볼 수 없음을 이야기한다.

## 활동 25 | 색깔 막대 게임

**대상 연령** 만 4세

**활동 목표** 여러 색깔을 분류할 수 있다.

**보육 과정 요소** 과학적 탐구하기〉 물체와 물질 알아보기〉 물질 기본 특성 알기

**준비물** 큰 통 1개, 노란 색깔 통 1개, 빨간 색깔 통 1개, 파란 색깔 통 1개, 색깔 막대 30개(각 색깔 막대 10개씩)

**활동 방법**

1) 게임 자료를 준비한다.
2) 색깔 막대는 색이 보이지 않게 하여 큰 통에 꽂아 놓는다.
3) 유아와 함께 색깔 막대를 한 개씩 뽑아 색깔별로 각 색깔 통에 분류해 본다.
4) 어떤 색깔의 막대를 모을지 정하고, 모으고 싶은 막대의 색깔 통을 나누어 갖는다.
5) 순서를 정한 후, 순서대로 큰 통 안에 있는 색깔 막대를 뽑는다.
6) 자신이 모으려는 색깔 막대를 뽑았을 경우는 가져가고, 그렇지 않으면 통 안에 다시 담는다.
7) 큰 통에 있는 색깔 막대가 모두 없어지면 게임이 끝난다.

## 활동 26 | 여러 가지 소리를 만들어요

**대상 연령** 만 4세

**활동 목표** 주변에서 나는 소리를 탐색해 본다.

**보육 과정 요소** 과학적 탐구하기〉 물체와 물질 알아보기〉 물체 기본 특성 알기

**준비물** 주변에서 볼 수 있는 다양한 그릇류(플라스틱 컵, 유리컵, 밥그릇, 주스 깡통 등), 숟가락

**활동 방법**

1) 주변에서 볼 수 있는 다양한 그릇, 용기들을 모아 본다.
2) 책상 위에 늘어놓은 후 유아가 알루미늄 숟가락으로 그릇들을 쳐서 나는 소리를 주의 깊게 들어 보도록 한다.
   - 이 그릇들의 소리가 어떻게 들리니?
   - 어떤 소리가 크게(부드럽게, 작게) 들리니?
   - 같은 소리가 나는 것끼리 모아 보자.
3) 알루미늄 숟가락 이외에 다른 물체(나무젓가락, 플라스틱 숟가락 등)로 다시 쳐 보고 소리를 비교해 본다.
   - 나무젓가락으로 치는 것과 플라스틱 숟가락으로 치는 것은 어떻게 다르니?

## 활동 27 | 신문지로 다양한 소리를 내 봐요

**대상 연령** 만 4세

**활동 목표** 종이(신문지)로 낼 수 있는 소리를 탐색한다.

**보육 과정 요소** 과학적 탐구하기〉 물체와 물질 알아보기〉 물체 기본 특성 알기

**준비물** 신문지(8절 크기), 녹음기, 녹음 테이프(동물 울음소리 효과음)

**활동 방법**

1) 유아들과 신문지로 소리를 낼 수 있는 방법을 알아본다.
 (찢는다, 구긴다, 손가락으로 튕긴다, 손바닥으로 친다, 비빈다, 위아래로 흔든다 등)
2) 유아들과 신문지로 다양한 소리를 만들어 본다.
 - 소리를 길게(짧게) 내려면 어떻게 해야 할까?
 - 소리를 크게(작게) 내려면 어떻게 해야 할까?
3) 신문지로 유아들이 원하는 방법대로 소리를 내 보며 노래를 불러 본다.
4) 녹음 테이프로 동물 울음소리를 들으면서 동물 소리와 어울리게 신문지로 낼 수 있는 여러 가지 소리를 만들어 낸다.

## 활동 28 | 흔들면 소리 나는 악기 만들기

**대상 연령** 만 5세

**활동 목표** 다양한 소리를 들어 보고 직접 악기를 만드는 경험을 한다.

**보육 과정 요소** 과학적 탐구하기〉 물체와 물질 알아보기〉 물체 기본 특성 알기

**준비물** 빈 용기들(요구르트 병, 우유갑, 플라스틱 우유통 등), 소리 낼 수 있는 자료들(모래, 작은 돌, 빨대 자른 것, 콩 등), 색종이, 포장지, 비닐 노끈, 가위, 셀로판 테이프

**활동 방법**

1) 준비된 용기를 선택하고 소리 낼 수 있는 자료를 넣은 후 입구를 막는다.
2) 색종이, 포장지 등을 이용하여 용기를 장식하여 악기를 완성한다.
3) 완성된 악기를 흔들어 여러 가지 소리를 내 본다.
   - 각자 만든 악기로 소리를 내어 보자. 조용한 소리, 큰소리, 천천히, 빠르게 소리를 내어 보자.
   - 친구가 만든 악기 소리를 들어 보자. 네가 만든 것과 소리가 어떻게 다르니?
4) 유아가 만든 악기로 소리를 내면서 함께 노래를 불러 본다.

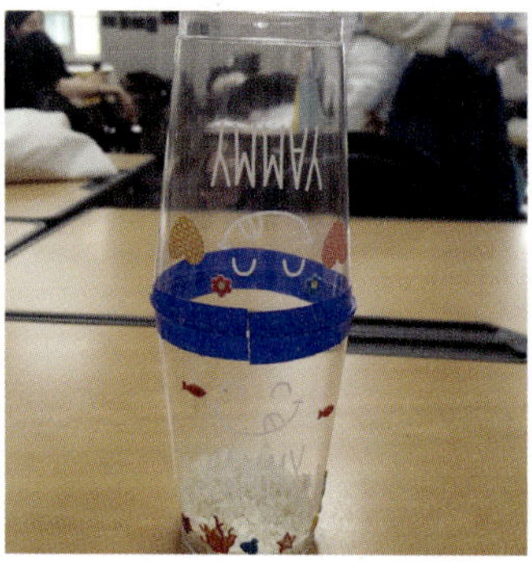

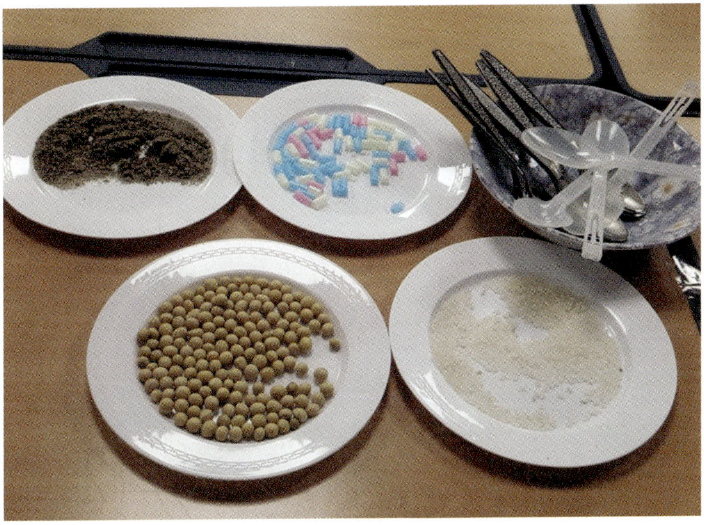

## 활동 29 | 부채 악기 만들기

**대상 연령** 만 5세

**활동 목표** 재료에 따른 소리의 차이를 안다.

**보육 과정 요소** 과학적 탐구하기〉 물체와 물질 알아보기〉 물체 기본 특성 알기

**준비물** 부채 악기

**활동 방법**

1) 유아들에게 다양한 부채 악기를 보여 준 후, 준비된 자료로 자신의 부채 악기를 만든다.
   - 부채에 무엇이 달려 있니?
   - 흔들면 소리가 어떻게 날까?
   - 너희들이 부채 악기를 만들면 부채에 무엇을 달고 싶니?
2) 부채를 하나씩 흔들어 소리를 들어 본다.
   - 부채 악기를 살살 흔들어 보자. 세게 흔들어 보자.
   - 왜 소리가 다르게 나는 걸까?

## 활동 30 | 고무줄 악기 만들기

**대상 연령** 만 5세

**활동 목표** 고무줄의 두께, 길이에 따라 소리가 다름을 안다.

**보육 과정 요소** 과학적 탐구하기〉 물체와 물질 알아보기〉 물체 기본 특성 알기

**준비물** 빈 과자 상자, 길이와 두께가 다른 고무줄

### 활동 방법

1) 유아들에게 빈 과자 상자와 고무줄을 보여 준 후, 소리 상자를 만들어 본다.
2) 한 유아가 고무줄을 튕긴 후 소리를 들어 보게 한다. 고무줄의 두께가 가느다란 것에서 두꺼운 것으로 차례로 잡아당기고 소리를 들어 본다.
   - 소리가 어떻게 들리니?
3) 고무줄 아래에 스티로폼이나 나무 조각으로 다리를 만든 후 고무줄을 당겨 소리내 본다.
   - 소리가 어떤 것 같으니?
   - 왜 소리가 다르게 나는 걸까?
4) 교사는 고무줄 아래에 스티로폼이나 나무 조각으로 다리를 만들면, 진동을 흡수하게 되며 고무줄의 길이가 짧아져서 짧게 소리가 나기 때문에 처음과 소리가 다르게 들림을 설명한다.

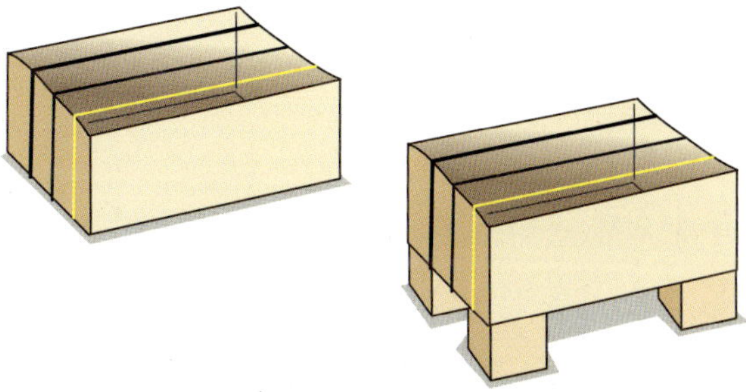

## 활동 31 | 노래하는 컵

**대상 연령** 만 5세

**활동 목표** 소리 물결(파장)이 실로 전달됨을 안다.

**보육 과정 요소** 과학적 탐구하기〉 물체와 물질 알아보기〉 물체 기본 특성 알기

**준비물** 종이컵, 실, 클립, 송곳

**활동 방법**

1) 종이컵 바닥 면에 작은 구멍을 뚫는다.
2) 클립을 약 24㎝ 길이의 실로 묶는다. 이때, 실이 빠지지 않도록 클립을 종이컵 안에 넣고 실을 종이컵 바깥으로 뺀다.
3) 실을 물에 적신 후, 한 손으로 컵을 잡고 다른 손의 엄지와 검지 두 손가락으로 실을 팽팽하게 잡아당겼다가 실을 튕기게 한다.
   - 어떤 일이 일어났니?
   - 무슨 소리를 들었니?
   - 이 소리는 어디에서부터 들리는 것일까?
4) 실을 물에 적신 후, 두 개의 컵을 두 명이 각각 나눠 들고 연결된 실을 팽팽하게 잡아당기게 한다. 그리고 실을 튕긴다.
   - 무슨 소리를 들었니?
   - 이 소리는 어디에서부터 들리는 것일까?
5) 교사는 손가락에 의해 울리는 진동이 종이컵까지 전달되어 종이컵 안의 공기가 움직였으며, 그로 인해 실로 소리가 전달되었음을 이야기한다.

## 활동 32 | 톡톡 튀는 설탕

**대상 연령** 만 4세

**활동 목표** 소리 물결(파장)이 공기를 통해서 퍼져 나가 물체를 움직이게 함을 안다.

**보육 과정 요소** 과학적 탐구하기〉 물체와 물질 알아보기〉 물체 기본 특성 알기

**준비물** 플라스틱 용기, 색과 무늬가 없는 천, 고무줄, 도마, 숟가락, 흰 설탕

**활동 방법**

1) 플라스틱 용기 입구를 천으로 두른 후 천이 팽팽하게 당겨지도록 단단하게 고무줄로 고정시킨다. 이때, 천은 색이 없는 단순한 것이 좋다.
2) 단단하게 고정된 천 위에 숟가락으로 흰 설탕을 떠 놓는다.
3) 준비된 도마를 플라스틱 용기 가까이에서 숟가락으로 세게 두드린다.

- 천 위에 있는 설탕이 어떻게 되었니?
- 왜 설탕이 위로 톡톡 튀었을까?
- 조금 약하게 도마를 치면 설탕이 어떻게 될까?

4) 교사는 도마의 소리 물결(파장)이 공기를 통해 이동하여 진동이 생기고, 이로 인해 가벼운 설탕이 톡톡 튀게 되었음을 설명한다.

## 활동 33 | 어느 것이 자석에 붙을까?

**대상 연령** 만 3세

**활동 목표** 자석의 특성을 안다.
자석에 붙는 것, 안 붙는 것을 알아본다.

**보육 과정 요소** 자연탐구 영역〉 과학적 기초능력 기르기〉 물체와 물질에 대해 알아보기

**준비물** 재활용 상자, 투명 플라스틱 컵, 말굽자석, 막대자석, 나무젓가락, 색 클립, 옷핀, 색 집게, 동전, 부직포, 단추, 종이, 뽕뽕이

### 만드는 방법

• 활동 도구

1) 재활용 상자에 원을 붙인후, 투명 플라스틱 컵에 나무젓가락, 색 클립, 옷핀, 색 집게, 동전, 부직포, 단추, 종이, 뽕뽕이를 각각 넣고 글루 건으로 붙인다.

### 활동 방법

1) 자석에 붙여 볼 다양한 재료를 탐색한다.
   - 무슨 물건이 들어있니?
2) 사석에 붙는 물건과 붙지 않는 물건을 예측해 본다.
   - 이 물건은 자석에 붙을까? 붙지 않을까?
   - 왜 그렇게 생각하니?

3) 자석에 붙는 물건과 붙지 않는 물건이 무엇인지 직접 자석에 붙여 본다.

4) 붙는 것과 붙지 않은 것에 대해 이야기한다.

- 자석에 붙는 물건은 어떤 같은 점이 있니?

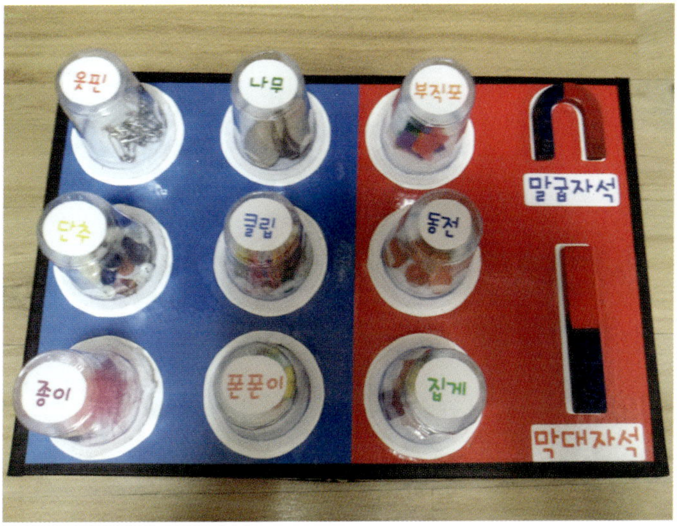

## 활동 34 | 자석낚시놀이

**대상 연령** 만 3세

**활동 목표** 쇠가 붙는 자석의 성질을 안다.

**보육 과정 요소** 과학적 탐구하기〉 물체와 물질 알아보기〉 물질 기본 특성 알기

**준비물** 입에 클립을 붙인 물고기 인형, 자석을 붙인 낚싯대, 낚시 가방

**활동 방법**

1) 낚시 가방을 펼친다.
   - 여기 어떤 물고기가 있니?
   - 물고기 입에 매단 것은 무엇일까?
2) 어떤 물고기가 있는지 탐색한 후 낚시 가방의 물고기를 늘어놓는다.
3) 교사가 직접 자석 낚싯대를 사용하는 시범을 보인다.
   - 물고기를 잡아 보자.
4) 낚싯대의 자석 부분에 물고기 입에 달린 클립을 붙여서 물고기를 잡는다.
   - 어떤 물고기를 잡았니?
   - 어떤 방법으로 잡으면 물고기가 잘 잡힐까?

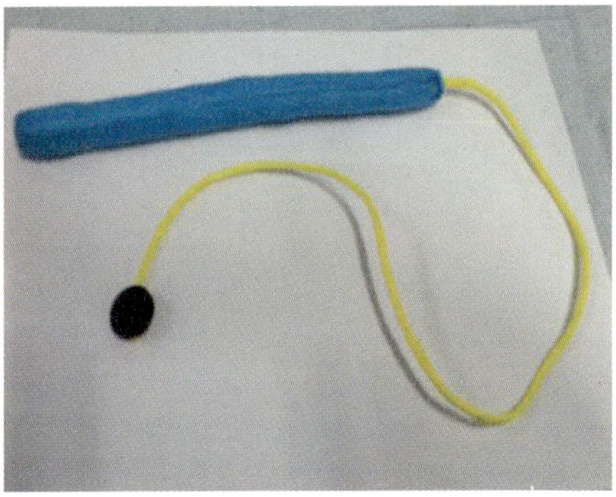

## 활동 35 | 자석에 붙는 것과 붙지 않는 것

**대상 연령** 만 4세

**활동 목표** 자석에는 붙는 물체와 붙지 않는 것이 있음을 안다.

**보육 과정 요소** 과학적 탐구하기〉 물체와 물질 알아보기〉 물질 기본 특성 알기

**준비물** 자석, 주변에 있는 다양한 물체(지우개, 못, 연필, 자, 클립, 풀뚜껑 등), 기록표, 접시 2개

**활동 방법**

1) 유아와 함께 주변에 있는 물체들을 모은 후 어떤 물건인지, 무엇으로 만들어졌는지 이야기한다.
2) 물체 각각이 자석에 붙을지 붙지 않을지 예측해 보고, 기록표에 표시해 본다.
3) 유아들이 직접 자석을 이용하여 물체를 붙여 본 후 접시에 나누어 담는다.
   - 어떤 것들이 자석에 붙었니?
   - 자석에 붙는 것(붙지 않는 것)은 어떤 것들이 있니?
4) 기록표에 예측하여 적어 놓은 것과 결과가 어떤지 비교해 본다.
5) 자석에 붙는 물건과 붙지 않는 물건들을 사진으로 찍어서 게시한다.

- 기록표 – 어떤 것이 자석에 붙을까요?

| 알아보고 싶은 물건 | 어떻게 될까? | |
|---|---|---|
| | 자석에 붙는다 ( O ) | 자석에 붙지 않는다 ( X ) |
| 지우개 | | |
| 못 | | |
| 클립 | | |
| 연필 | | |

## 활동 36 | 자석이 되어 보세요

**대상 연령** 만 4세

**활동 목표** 자석에 붙는 것과 붙지 않는 것을 분류해 낼 수 있다.

**보육 과정 요소** 과학적 탐구하기〉 물체와 물질 알아보기〉 물질 기본 특성 알기

**준비물** 자석, 주변에 있는 다양한 물건(연필, 열쇠, 크레파스, 클립, 고무줄, 병뚜껑 등), 마스킹 테이프

### 활동 방법

1) 마스킹 테이프로 바닥에 원을 만든 후 유아들과 둘러앉는다.
2) 준비된 자료들을 원 안에 넣어 둔다.
3) 유아들이 원하는 물건을 하나씩 가져가게 한다.
4) 교사가 자석을 집으며, "이제부터 우리는 자석놀이를 해 보자. 나는 힘이 강한 자석이란다. 너희가 가진 물건은 무엇이니?"라고 말한 후, 유아들이 가져간 물건의 이름을 이야기하게 한다.
5) 자석에 붙는 물건를 가져간 유아는 자석이 된 교사 옆으로 이동하여 앉는다.
6) 자석에 붙지 않는 물건를 가진 유아는 "나는 자석에 붙지 않아."라고 말하고, 제자리에 그냥 앉는다.
7) 자석에 붙은 물건의 종류를 알아본다.
8) 유아 중 한 명이 자석을 가지고 자석이 되어서 놀이를 다시 해 본다.

## 활동 37 | 춤추는 클립과 자석

**대상 연령** 만 4세

**활동 목표** 자석의 힘은 물과 유리를 통과하여 영향을 미침을 안다.

**보육 과정 요소** 과학적 탐구하기〉 물체와 물질 알아보기〉 물질 기본 특성 알기

**준비물** 투명한 물병, 클립, 자석

**활동 방법**

1) 물병에 물을 채우고 클립을 넣는다.
2) 물병 안에 있는 클립을 손 대지 않고 움직일 수 있는 방법을 알아본다.
   - 어떻게 하면 물병 안에 있는 클립을 움직일 수 있을까?
3) 물병 바깥에서 자석을 클립에 대고 위아래로 움직여 본다.
   - 클립이 어떻게 되었니?
   - 무엇 때문에 클립이 움직였을까?
4) 교사는 자석의 힘이 물병을 통과하여 그 안에 있는 클립을 움직이게 했음을 이야기한다.

## 활동 38 | 비행기를 공중에 떠 있게 해 봐요

**대상 연령** 만 4세

**활동 목표** 자석은 물건을 끌어 올리는 힘이 있음을 안다.

**보육 과정 요소** 과학적 탐구하기〉 물체와 물질 알아보기〉 물질 기본 특성 알기

**준비물** 색종이, 막대자석, 실, 클립, 셀로판 테이프

**활동 방법**

1) 색종이로 비행기 모양을 접어 한쪽에 클립을 붙인다.
2) 실 한쪽 끝은 책상에 테이프로 붙이고, 나머지 한쪽은 비행기에 매단다.
3) 자석으로 클립 부분을 붙여 비행기를 들어 올려 본다.
   - 비행기가 어떻게 되었니?
   - 왜 비행기가 공중에 떠 있게 되었니?

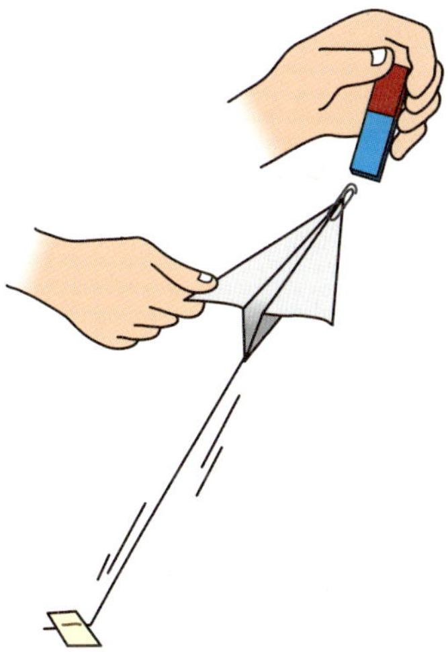

## 활동 39 | 자석 자동차를 만들어 보세요

**대상 연령** 만 4세

**활동 목표** 자석의 성질을 이해하고, 자석의 끄는 힘에 대해 흥미를 갖는다.

**보육 과정 요소** 과학적 탐구하기〉 물체와 물질 알아보기〉 물질 기본 특성 알기

**준비물** 막대자석 2개, 작은 종이 상자, 빨대, 가위, 하드보드지, 점토 약간, 송곳, 자동차 길 기본판

**활동 방법**

1) 자석 한 개를 작은 종이 상자 안에 넣고 테이프로 붙인다.
2) 종이 상자 옆면에 자동차 몸체 그림을 붙인다.
3) 빨대를 작은 종이 상자의 폭에 맞춰 두 개 자른 후, 상자 밑면에 테이프로 고정시킨다.
4) 하드보드지에 동그라미 바퀴 네 개를 그려서 오려낸 후, 원의 한가운데를 송곳으로 뚫어 놓는다.
5) 빨대 구멍 양 끝에 동그라미 바퀴를 하나씩 끼운 다음, 끝에 점토를 붙여서 상자 자동차를 완성한다.
6) 상자 자동차를 자동차 길 기본판 위에 올려 놓는다.
7) 유아들이 자석을 들고 손을 기본판 밑으로 넣어서 상자 자동차를 움직인다.
   - 차가 왜 움직일까?
   - 차가 어떤 때는 따라오고, 어떤 때는 뒤로 가는 이유는 무엇일까?

## 활동 40 | 전기는 힘이 있어요

**대상 연령** 만 4세

**활동 목표** 전기의 힘으로 가전제품들이 작동함을 안다.

**보육 과정 요소** 과학적 탐구하기〉 물체와 물질 알아보기〉 물체 기본 특성 알기

**준비물** 가정에서 사용하는 전기 제품 그림 자료(냉장고, 텔레비전, 에어컨, 선풍기, 헤어드라이어, 전기압력밥솥), 실물 선풍기와 헤어드라이어

**활동 방법**

1) 가정에서 사용하는 전기 제품은 어떤 것이 있는지 이야기 나눈다.

2) 유아의 반응에 따라 준비한 그림 자료를 제시한다.

3) 그림 자료에 있는 전기 제품에 대해 이야기 나눈다.

- 전기 플러그를 빼면 선풍기는 어떻게 될까?
- 선풍기를 켜고 전기 플러그를 연결했다 뺐다 하여 본다.
- 헤어드라이어를 켜고 전기 플러그를 연결했다 뺐다 하여 본다.
- 전기는 선풍기에 어떤 일을 해 주나?
- 전기는 헤어드라이어에 어떤 일을 해 주나?

4) 교사는 유아들에게 전기는 여러 가지 힘의 근원이 됨을 이야기한다.

## 활동 41 | 풍선으로 정전기 일으키기

**대상 연령** 만 4세

**활동 목표** 물건들을 서로 문지르면 정전기가 일어남을 안다.

**보육 과정 요소** 과학적 탐구하기〉 물체와 물질 알아보기〉 물체 기본 특성 알기

**준비물** 풍선, 색종이

**활동 방법**

1) 풍선을 불어 끝을 묶는다. 풍선은 미리 교사가 불어서 준비한다.
2) 유아들이 자신의 옷이나 머리에 풍선을 문지르게 한 후, 풍선에 색종이 조각을 붙여 본다.
   - 풍선이 어떻게 되었니?
   - 왜 색종이가 풍선이 달라 붙었을까?
3) 교사는 풍선을 옷이나 머리에 문지를 때 정전기가 발생하며, 전기가 색종이를 붙게 하였음을 이야기한다.
4) 정전기가 일어난 풍선을 벽이나 유리창에 붙여 본다.
   - 풍선이 어떻게 되었니?
   - 왜 풍선이 창문에 달라 붙었을까?
5) 한참 기다린 후 풍선이 저절로 창문에서 떨어지면, 그 이유를 물어본다.
   - 왜 풍선이 떨어졌을까?
6) 교사는 풍선에 생긴 정전기가 점차 사라져서 풍선이 떨어지게 되었음을 이야기한다.

## 활동 42 | 신문지로 정전기 일으키기

**대상 연령** 만 4세

**활동 목표** 물건들을 서로 문지르면 정전기가 일어남을 안다.

**보육 과정 요소** 과학적 탐구하기〉 물체와 물질 알아보기〉 물체 기본 특성 알기

**준비물** 신문지, 연필

**활동 방법**

1) 평편한 벽에 신문지를 펼쳐 놓은 후, 한 손으로 신문지를 누른다.
2) 연필로 벽 위의 신문을 수평으로 문지르게 한 후 관찰한다.
   - 신문이 어떻게 될까?
   - 왜 신문이 벽에 붙어 있다가 떨어졌을까?
3) 교사는 연필로 신문지를 문지를 때 만들어진 정전기로 인해 벽에 신문지가 붙어 있었으며, 시간이 조금 지난 후에 신문지가 바닥으로 떨어진 것은 만들어진 정전기가 없어졌기 때문이라고 설명한다.

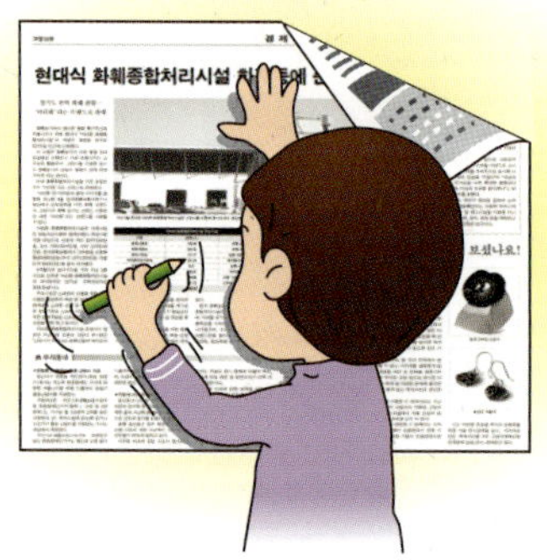

## 활동 43 | 손전등에 불이 들어와요

**대상 연령** 만 5세

**활동 목표** 건전지가 전등에 불이 들어오게 하는 힘이 있음을 안다.

**보육 과정 요소** 과학적 탐구하기〉 물체와 물질 알아보기〉 물체 기본 특성 알기

**준비물** 손전등, 건전지

**활동 방법**

1) 손전등에서 건전지를 빼어 놓는다. 건전지를 뺀 손전등을 켜 본다.
   - 왜 손전등이 켜지지 않을까?
   - 어떻게 하면 손전등을 킬 수 있을까?
2) 건전지에는 +극과 −극이 있음을 이야기한다.
3) 건전지를 여러 형태(+극과 +극, −극과 −극, +극과 −극)로 연결해 보고, 어느 때 불이 들어오는지 알아본다.
   - 건전지를 어떤 형태로 손전등에 넣어야 손전등을 킬 수 있을까?
4) 불이 들어온 손전등으로 주변 사물을 비춰 본다.
5) 손전등은 어느 때 사용하는지 알아본다.

## 활동 44 | 샌드위치놀이

**대상 연령** 만 3세

**활동 목표** 요리하는 과정을 통해 즐거움을 경험한다.

**보육 과정 요소** 과학적 탐구하기〉 물체와 물질 알아보기〉 물질의 변화 과정 알아보기

**준비물** 펠트지(빨간색, 흰색, 노란색, 초록색, 연두색, 갈색, 주황색, 분홍색), 바늘, 실

**활동 방법**

1) 펠트지로 만든 재료들(빵, 오이, 양파, 토마토, 치즈, 계란 프라이, 샐러드)을 이용해 다양한 요리를 만들어 본다.
2) 자신이 가장 마음에 드는 재료를 골라 샌드위치를 만들어 본다.

## 활동 45 | 달걀 샌드위치

**대상 연령** 만 4세

**활동 목표** 음식 재료의 특성과 변화 과정을 관찰한다.

**보육 과정 요소** 과학적 탐구하기〉 물체와 물질 알아보기〉 물질의 변화 과정 알아보기

**준비물** 달걀 샌드위치 요리 순서 동영상이나 사진, 요리 재료 및 도구, 앞치마, 마른 행주

**활동 방법**

1) 달걀 샌드위치의 요리 순서가 담긴 동영상이나 사진을 보여 주고, 달걀 샌드위치를 우리가 직접 만들어서 간식으로 먹자고 이야기한다.
2) 앞치마를 입고 손을 씻은 후 요리할 준비를 한다.
3) 동영상이나 사진을 참고해 준비된 재료와 만드는 방법을 살펴본다.

〈동영상 요리 순서〉

- **재료** : 삶은 달걀, 오이, 옥수수 통조림, 마요네즈, 식빵, 큰 그릇, 숟가락
- **만드는 방법**

① 삶은 달걀의 껍질을 벗긴다.
② 달걀을 그릇에 담아 주걱으로 잘게 으깬다.
③ 오이를 잘게 썬다.
④ 그릇에 으깬 달걀과 오이, 옥수수, 마요네즈를 넣어 골고루 버무린다.
⑤ 식빵 사이에 달걀 샐러드를 넣는다.
⑥ 반으로 잘라서 먹는다.

4) 유아들이 직접 삶은 달걀의 껍질을 까서 그릇에 담고, 큰 숟가락으로 잘게 으깨도록 한다.
   - 달걀이 어떻게 되었니?
5) 도마와 칼을 준비하여 오이를 잘게 썬다.
6) 큰 그릇에 으깬 달걀과 잘게 썬 오이, 옥수수, 마요네즈를 넣어서 잘 버무린다.
7) 식빵 사이에 완성된 달걀 샐러드를 넣은 후 빵을 반으로 자른다.
8) 입고 있던 앞치마를 벗고 자리를 정리한 후, 완성된 달걀 샌드위치를 우유와 함께 간식으로 먹는다.

## 활동 46 | 복숭아 셰이크

**대상 연령** 만 4세

**활동 목표** 음식 재료의 특성과 변화 과정을 관찰한다.

**보육 과정 요소** 과학적 탐구하기〉 물체와 물질 알아보기〉 물질의 변화 과정 알아보기

**준비물** 복숭아 셰이크 요리 순서 동영상이나 사진, 요리 재료 및 도구, 앞치마, 마른 행주

**활동 방법**

1) 앞치마를 입고 손을 씻은 후 모여 앉는다.
2) 복숭아 셰이크 요리 순서 동영상이나 사진을 보여 준다. 동영상이나 사진을 참고해 준비된 재료와 만드는 방법을 살펴본다.

〈동영상 요리 순서〉

- 재료 : 복숭아, 우유, 아이스크림, 믹서, 컵
- 만드는 방법

① 복숭아를 작게 썬다.
② 썰은 복숭아를 믹서에 넣는다.
③ 우유를 믹서에 넣는다.
④ 아이스크림을 믹서에 넣는다.
⑤ 믹서의 뚜껑을 닫고 스위치를 누른다.
⑥ 만들어진 셰이크를 컵에 따라 먹는다.

3) 복숭아의 모양, 냄새를 살펴보고 맛을 보며 이야기를 나눈다.
4) 도마, 칼을 이용하여 복숭아를 작게 썬다. 이때, 교사가 적당한 크기로 잘라

나누어 주면 유아들이 잘게 썬다.

5) 믹서의 이름과 용도에 대해 이야기를 나눈다.
   - 이것을 본 적이 있니?
   - 무엇을 할 때 사용하는 것일까?

6) 썰어 놓은 복숭아, 우유, 아이스크림을 믹서에 모두 넣는다.

7) 믹서의 뚜껑을 닫고 스위치를 누른 후 믹서 안 재료의 변화를 살펴보고 이야기를 나눈다.
   - 복숭아가 어떻게 되고 있니?
   - 갈아지는 모습이 어떠니?

8) 갈아진 내용물을 컵에 따르고 맛을 보며 맛의 변화에 대해 이야기한다.
   - 썰어서 먹어 보았던 복숭아와 갈은 후의 맛은 어떻게 다르니?

9) 앞치마와 자리를 정돈한 후 간식 책상으로 가서 과자와 함께 먹는다.

## 활동 47 | 삼각 주먹밥

**대상 연령** 만 4세

**활동 목표** 음식 재료의 특성과 변화 과정을 관찰한다.

**보육 과정 요소** 과학적 탐구하기〉 물체와 물질 알아보기〉 물질의 변화 과정 알아보기

**준비물** 주먹밥 요리 순서 동영상이나 사진, 요리 재료 및 도구, 앞치마, 마른 행주

**활동 방법**

1) 요리할 준비를 한 후 책상에 모여 앉는다.
   - 앞치마를 입고 손을 깨끗이 씻자.
   - 요리할 책상을 잘 닦자.
2) 주먹밥 요리 순서 동영상이나 사진을 보여 준다. 동영상이나 사진을 참고해 준비된 재료와 만드는 방법을 살펴본다.

〈동영상 요리 순서〉

• 재료 : 찰밥, 맛살, 오이, 계란 얇게 부친 것, 갈은 소고기, 김, 깨소금

• 만드는 방법

① 맛살과 오이를 잘게 썬다.
② 계란을 얇게 부쳐서 잘게 썬다.
③ 갈은 소고기에 간장과 설탕, 후추를 넣고 볶는다.
④ 큰 그릇에 맛살, 오이, 계란 다진 것을 넣고 찰밥을 넣어 버무린다.
⑤ 구운 김을 잘게 뜯어서 섞는다.
⑥ 깨소금과 소금으로 간을 맞춘다.
⑦ 밥을 동그랗게 손으로 뭉친다. 삼각형 모양으로 만든다.
⑧ 접시에 담아 국과 함께 먹는다.

3) 유아들이 맛살과 오이를 잘게 썬다. 이때, 오이에 소금을 약간 뿌려 놓는다.

4) 전기 프라이팬에 계란을 얇게 부쳐 잘게 썬다. 이때, 교사는 전열 기구 사용 방법 및 주의할 점을 이야기한다.

5) 소고기 갈은 것을 프라이팬에서 간장과 후추, 설탕을 넣어 볶는다.

6) 큰 그릇에 찰밥을 넣고, 유아들이 다진 맛살, 오이(소금에 절은 오이는 꼭 짜서 물기를 제거함), 계란 얇게 부친 것을 넣어 버무린다.

7) 구운 김을 잘게 뜯어 넣고 깨소금과 소금으로 간을 맞춘다.

8) 양념이 골고루 버무려진 밥을 손바닥에 참기름을 살짝 바르고 동그랗게 뭉치게 한다.

   • 왜 손에 기름을 바를까?

9) 자리를 정리하고 주먹밥을 두세 개씩 접시에 담아 국과 함께 먹는다.

## 활동 48 | 햄, 오이, 메추리 알 꼬치

**대상 연령** 만 5세

**활동 목표** 음식 재료의 특성과 변화 과정을 관찰한다.

**보육 과정 요소** 과학적 탐구하기〉 물체와 물질 알아보기〉 물질의 변화 과정 알아보기

**준비물** 햄, 오이, 메추리 알 꼬치 요리 순서 동영상이나 사진, 요리 재료 및 도구, 앞치마, 마른 행주

**활동 방법**

1) 요리할 준비를 한 후 책상에 모여 앉는다.
2) 요리 순서 동영상이나 사진을 보며, 준비된 재료와 만드는 방법을 살펴본다.

〈동영상 요리 순서〉

- **재료 :** 햄, 오이, 메추리 알, 양 끝 뾰족한 부분을 자른 이쑤시개
- **만드는 방법**

① 햄을 네모로 작게 썬다.
② 오이를 작게 자른다.
③ 껍질을 깐 메추리 알을 준비한다.
④ 이쑤시개에 햄, 오이, 메추리 알을 끼운다.
⑤ 접시에 담아 우유와 함께 먹는다.

3) 유아들이 햄과 오이를 작게 썬다. 이때 교사는 유아들이 쉽게 썰 수 있도록 중간 크기로 잘라 준다.
4) 삶은 메추리 알의 껍질을 벗긴다.
5) 유아들이 이쑤시개에 햄, 오이, 메추리 알을 끼운다.
   - 꼬치를 끼울 때 조심해야 할 점은 무엇일까?
6) 자리를 정리하고 간식 먹는 책상으로 가서 우유와 함께 먹는다.

## 활동 49 | 핫케이크

**대상 연령** 만 5세

**활동 목표** 음식 재료의 특성과 변화 과정을 관찰한다.

**보육 과정 요소** 과학적 탐구하기〉 물체와 물질 알아보기〉 물질의 변화 과정 알아보기

**준비물** 핫케이크 요리 순서 동영상이나 사진, 요리 재료 및 도구, 앞치마, 마른 행주

**활동 방법**

1) 앞치마를 입고 손을 씻은 후 책상에 모여 앉는다.
2) 핫케이크 요리 순서 동영상이나 사진을 본다. 동영상이나 사진을 참고해 준비된 재료와 만드는 방법을 살펴본다.

〈동영상 요리 순서〉

- **재료** : 핫케이크 가루, 달걀, 우유, 마가린, 우묵한 그릇, 국자, 뒤집개, 거품기
- **만드는 방법**

① 달걀을 깨서 그릇에 넣는다.
② 달걀에 우유를 넣고 거품기로 젓는다.
③ 핫케이크 가루를 넣고 거품기로 젓는다.
④ 전기 프라이팬을 달군다.
⑤ 프라이팬에 핫케이크 반죽을 한 국자씩 떠 놓는다.
⑥ 한쪽이 익으면서 거품이 생기면 뒤집개로 뒤집는다.
⑦ 핫케이크에 꿀을 바르고 우유와 함께 먹는다.

3) 핫케이크을 먹어 본 경험에 대해 이야기 나눈다.
   - 핫케이크을 먹어 본 적이 있니?
   - 핫케이크을 만들어 본 적이 있니?
4) 교사가 달걀을 우묵한 그릇에 깨어 넣는다.
5) 달걀에 우유를 넣고 거품기로 저어 보면서 재료의 변화에 대해 이야기한다.
   - 달걀 노른자의 색이 어떻게 변하고 있니?
6) 준비한 핫케이크 가루를 넣고 거품기로 젓는다.
7) 준비한 전기 프라이팬을 보여 주며 전열 기구를 사용할 때 주의점과 플러그를 꽂는 방법을 설명한 후 교사가 플러그를 꽂는다.
8) 프라이팬에 마가린을 넣고 녹는 과정을 관찰한다.
9) 프라이팬에 핫케이크 반죽을 한 국자씩 떠 넣은 후 재료가 익어 가는 모습을 살펴본다.
   - 냄새는 어떠니?
   - 색깔과 모양이 어떻게 변하고 있니?
10) 공기 구멍이 생기면 뒤집개로 뒤집는다.
11) 자리를 정리한 후 간식 먹을 책상으로 가서 우유와 함께 먹는다.

## 활동 50 | 과자 샌드위치

**대상 연령** 만 5세

**활동 목표** 음식 재료의 특성과 변화 과정을 관찰한다.

**보육 과정 요소** 과학적 탐구하기〉 물체와 물질 알아보기〉 물질의 변화 과정 알아보기

**준비물** 과자 샌드위치 요리 순서 동영상이나 사진, 요리 재료 및 도구, 앞치마, 마른 행주

**활동 방법**

1) 앞치마 입기, 책상 닦기, 손 씻기 등 요리할 준비를 한 후 모여 앉는다.
2) 과자 샌드위치 요리 순서 동영상이나 사진을 본다. 동영상이나 사진을 참고해 준비된 재료와 만드는 방법을 살펴본다.

〈동영상 요리 순서〉

- **재료** : 크래커, 햄, 오이, 치즈, 삶은 당근, 동그라미 모양 틀
- **만드는 방법**

① 햄과 치즈를 크래커 크기의 네모 모양으로 자른다.
② 오이와 삶은 당근을 얇게 잘라 동그랗게 찍어 낸다.
③ 과자를 접시 위에 놓는다.
④ 과자 위에 햄, 오이, 치즈, 당근을 차례로 올려놓는다.
⑤ 그 위에 다시 과자를 한 개 얹는다.

3) 유아들이 직접 햄과 치즈를 네모 모양으로 잘라 놓는다.

4) 교사가 잘라 준 오이와 삶은 당근을 유아들이 동그라미 모양 틀로 찍어 낸다.
(교사는 미리 당근을 살짝 삶아서 준비한다.)

5) 접시 한 개씩 앞에 가져다 놓고 과자 위에 햄, 오이, 치즈, 당근을 차례로 올려 놓고, 그 위에 다시 과자 한 개를 얹는다.

6) 자리를 정리하고 오렌지 주스와 함께 간식으로 먹는다.

## 활동 51 | 팝콘

**대상 연령** 만 5세

**활동 목표** 옥수수의 특성과 변화 과정을 관찰한다.

**보육 과정 요소** 과학적 탐구하기〉 물체와 물질 알아보기〉 물질의 변화 과정 알아보기

**준비물** 팝콘 요리 순서 동영상이나 사진, 요리 재료 및 도구, 앞치마, 마른 행주

**활동 방법**

1) 요리할 준비를 한 후 모여 앉는다.
2) 팝콘 요리 순서 동영상이나 사진을 본다. 동영상이나 사진을 참고해 준비된 재료와 만드는 방법을 살펴본다.

〈동영상 요리 순서〉

- 재료 : 옥수수, 버터, 소금, 냄비!, 나무 주걱, 큰 그릇, 휴대용 가스레인지
- 만드는 방법

① 뜨거워진 냄비에 버터와 옥수수를 넣는다.
② 나무 주걱으로 젓다가 옥수수가 튀겨지기 시작하면 뚜껑을 덮는다.
③ 옥수수 알이 다섯 개 정도 튀어오르면 불을 줄인다.
④ 옥수수 알이 다 튀겨지면 불을 끈다.
⑤ 뚜껑을 열고 소금을 뿌린다.
⑥ 큰 바구니에 담아서 각자 접시에 나누어 먹는다.

3) 팝콘 요리 순서 동영상이나 사진을 본 후 이야기를 나눈다.
   - 팝콘을 먹어 본 적이 있니?
   - 팝콘을 무엇으로 만드는지 아니?
4) 준비한 옥수수 알, 버터, 소금을 관찰하고 각각의 모양, 색, 냄새, 만졌을 때의 느낌을 이야기한다.
5) 교사가 냄비를 불에 달구어서 버터를 넣은 후 변화를 관찰한다.
   - 버터가 어떻게 되고 있니?
   - 어떤 냄새가 나니?
6) 버터가 다 녹은 후 옥수수 알을 한 숟가락씩 냄비에 넣어 본다.
7) 나무 주걱으로 버터와 옥수수 알을 잘 섞는다.
8) 뚜껑을 덮고 불을 켠 후 유아들과 옥수수 알이 어떻게 변할지 예측해 본다.
   - 옥수수 알이 어떻게 될까?
   - 왜 그렇게 될까?
9) 옥수수 알이 다섯 개 정도 튀어 오르기 시작하면 불을 줄이고 튀어 오르는 옥수수 알을 관찰한다.
10) 옥수수 알이 튀겨지면 불을 끄고 뚜껑을 열어 소금을 살짝 뿌린다.
11) 튀겨진 팝콘의 맛을 보며, 변화에 대해 이야기를 나눈다.

## 활동 52 | 소고기 간장 떡 볶음

**대상 연령** 만 5세

**활동 목표** 음식 재료의 특성과 변화 과정을 관찰한다.

**보육 과정 요소** 과학적 탐구하기〉 물체와 물질 알아보기〉 물질의 변화 과정 알아보기

**준비물** 떡 볶음 요리 순서 동영상이나 사진, 요리 재료 및 도구, 앞치마, 마른 행주

**활동 방법**

1) 앞치마를 입고 손을 씻은 후 책상에 모여 앉는다.
2) 떡 볶음 요리 순서 동영상이나 사진을 본다. 동영상이나 사진을 참고해 준비된 재료와 만드는 방법을 살펴본다.

〈동영상 요리 순서〉

- 재료 : 떡 볶음 떡, 갈은 소고기, 양파, 깨소금, 후추, 간장, 참기름, 프라이팬
- 만드는 방법

① 떡을 한 개씩 떼어 놓는다.
② 양파를 잘게 썬다.
③ 프라이팬에 소고기, 양파, 간장, 물을 넣고 볶는다.
④ 소고기가 익으면 떡을 넣고 물을 더 넣는다.
⑤ 떡이 익으면 불을 줄이고 깨소금, 참기름, 후추를 넣는다.

3) 떡을 관찰하고 조금 맛을 본 후 떡을 한 개씩 떼어서 물에 담근다.
4) 양파를 썰 때에는 눈이 맵기 때문에 교사가 썬다.
5) 프라이팬에 소고기, 양파, 간장, 물을 넣고 고기와 양파가 익을 때까지 잘 볶는다.
6) 프라이팬에 떡을 넣고 떡이 익으면 불을 줄인 후 참기름, 깨소금, 후추를 넣는다.
7) 유아들과 요리한 떡 볶음의 맛을 보고 간을 맞춘다.
   - 흰 떡의 상태와 맛이 어떻게 달라졌니?
8) 떡 볶음을 그릇에 옮겨 담는다.
9) 앞치마와 자리를 정돈하고 간식 먹을 책상으로 가서 보리차와 함께 먹는다.

## 활동 53 | 짜장밥

**대상 연령** 만 5세

**활동 목표** 음식 재료의 특성과 변화 과정을 관찰한다.

**보육 과정 요소** 과학적 탐구하기〉 물체와 물질 알아보기〉 물질의 변화 과정 알아보기

**준비물** 짜장밥 요리 순서 동영상이나 사진, 요리 재료 및 도구, 앞치마, 마른 행주

**활동 방법**

1) 요리할 준비를 한 후 모여 앉는다.
2) 짜장밥 요리 순서 동영상이나 사진을 본다. 동영상이나 사진을 참고해 준비된 재료와 만드는 방법을 살펴본다.

〈동영상 요리 순서〉

- **재료** : 감자, 호박, 양파, 당근, 짜장, 돼지고기, 식용유, 큰 냄비, 밥
- **만드는 방법**

① 감자와 호박을 작게 썬다.
② 양파와 당근을 작게 썬 후 다지는 기계로 다진다.
③ 프라이팬에 식용유를 넣고 감자, 호박, 돼지고기를 볶는다.
④ 다진 양파와 당근을 넣고 물을 충분히 넣는다.
⑤ 여러 가지 재료가 끓으면 짜장을 넣고 다시 끓인다.
⑥ 재료가 다시 끓으면 불을 끈다.

3) 짜장을 먹어 본 경험에 대해 이야기를 나눈다.
   - 집에서 짜장을 만들어 본 적이 있니?
4) 유아들이 감자, 호박을 깨끗이 씻은 후 작게 썬다.
5) 유아들에게 다지는 기계를 보여 주며 기계의 구조, 기능, 주의해야 할 점에 대해 이야기한다.
6) 양파와 당근을 작게 썬 후 다지는 기계에 넣고 다진다.
7) 프라이팬에 식용유를 두르고 호박과 감자, 돼지고기를 넣고 볶는다.
   - 어떤 냄새가 나니?
   - 호박이 어떻게 변했니?
8) 다진 양파와 당근을 넣고 물을 충분히 넣어 푹 끓인다.
9) 야채가 익은 후에 짜장을 넣고 저으면서 다시 끓인다.
10) 자리를 정리하고 점심 시간에 완성된 짜장을 밥에 비벼 먹는다.

## 활동 54 | 송편

**대상 연령** 만 5세

**활동 목표** 음식 재료의 특성과 변화 과정을 관찰한다.

**보육 과정 요소** 과학적 탐구하기〉 물체와 물질 알아보기〉 물질의 변화 과정 알아보기

**준비물** 송편 요리 동영상이나 사진, 요리 재료 및 도구, 앞치마, 마른 행주

**활동 방법**

1) 유아들과 추석에 만들어 먹는 송편 사진을 살펴본다.
   - 이것이 무엇인지 아니?
   - 먹어 본 기억이 나니? 어떤 맛이니?
2) 우리도 직접 송편을 만들어서 먹자고 이야기한다.
3) 송편 요리 순서 동영상이나 사진을 보고, 재료와 만드는 방법을 살펴본다.

〈동영상 요리 순서〉

- **재료** : 쌀가루, 뜨거운 물, 해콩, 건포도, 소금, 참기름
- **만드는 방법**

① 쌀가루에 뜨거운 물을 부어 익반죽을 한다.
② 소금으로 간을 맞추고 쫀득쫀득해질 때까지 반죽한다.
③ 식용 색소를 넣어 세 가지색으로 반죽을 준비한다.
④ 반죽을 조금 떼어 동그랗게 만든다.
⑤ 동그란 반죽 가운데를 손가락으로 눌러서 콩이나 건포도를 넣는다.
⑥ 송편이 배 모양이 되도록 손으로 모양을 만든다.
⑦ 큰 시루에 솔잎을 같이 넣고, 송편을 찐다.
⑧ 익은 삼색 송편을 꺼내 참기름을 바른다.
⑨ 접시에 담아 식혜와 함께 먹는다.

4) 유아들이 교사가 익반죽하는 과정을 관찰한다.
   ① 큰 그릇에 쌀가루를 넣고 뜨거운 물을 조금씩 부어 가며 숟가락으로 쌀가루를 뒤섞는다.
   ② 손에 비닐 장갑을 끼고 대강 반죽된 뜨거운 반죽을 손으로 문질러 쫀득쫀득해질 때까지 반죽한다.
   ③ 반죽에 소금을 조금 넣어 간을 맞춘다.
   ④ 식용 색소를 넣어 세 가지 색의 반죽을 준비한다.
5) 유아들에게 각자 쟁반을 나누어 주고 익반죽을 한 덩어리씩 나누어 준다.
6) 유아들과 함께 송편을 만든다.
   ① 반죽을 조금 떼어 두 손으로 동그랗게 만든다.
   ② 동그란 반죽 가운데를 손가락으로 꾹 눌러 준다.
   ③ 눌러 준 부분에 콩과 건포도를 넣는다.
   ④ 송편이 배 모양이 되도록 손으로 모양을 만든다.
7) 유아들이 만든 송편을 큰 시루에 솔잎을 함께 넣고 찐다.
8) 익은 삼색 송편을 꺼내 살펴본다.
   - 어떤 냄새가 나니?
   - 송편 색깔이 어떻게 변했니?
   - 이 송편은 누가 만든 것일까?
9) 참기름을 발라서 바구니에 담아 식힌다.
10) 자리를 정리하고 송편을 접시에 담아 식혜와 함께 간식으로 먹는다.

3장

# 생명체와 자연환경 과학 활동

## 1. 주제별 활동 내용

### 1 주제 : 나의 몸

1 – 나의 몸을 살펴보아요

2 – 내 얼굴에는 무엇이 있나?

3 – 지문으로 재미있는 모양을 만들어요

4 – 냄새를 맡아 보세요

5 – 이를 튼튼히 해요

6 – 인형처럼 몸을 움직여 봐요

7 – 주사위를 던져 나온 신체 부분을 움직여 보세요

8 – 우리 몸속 기관 알아보기

9 – 가슴에서 나는 소리를 들어 보세요

10 – 건강한 이를 가지려면 어떻게 해야 할까?

## 2 주제 : 동물

11 – 어떤 동물일까?

12 – 토끼를 관찰해요

13 – 동물의 집을 찾아 주세요

14 – 큰 주사위를 이용한 동물 흉내 내기

15 – 동물이 되어 보세요

16 – 곤충 수수께끼

17 – 벌과 나비가 되어 보세요

18 – 살아 있는 것은 모두 자라요

## 3 주제 : 식물

19 – 식물은 어디에서나 볼 수 있어요

20 – 사과 안에 씨가 몇 개나 있을까?

21 – 씨앗은 강한 힘을 가지고 있어요

22 – 달걀 상자를 이용하여 씨앗을 심어 보세요

23 – 야채가게놀이

24 – 식물은 물이 필요해요

25 – 식물의 물 흡수

26 – 식물은 햇빛이 필요해요

27 – 물잔디 기르기

28 – 콩나물 기르기

## 4 주제 : 환경의 보호

29 – 우리 동네 놀이터 청소하기

30 – 공기 오염

31 – 깨끗한 물, 더러운 물

32 – 썩지 않는 쓰레기

33 – 신문지로 담장을 꾸며 보세요

34 – 못 쓰는 종이를 다시 쓸 수 있는 종이로 만들기

35 – 깨끗한 물 만들기
36 – 더위를 시원하게 보내기
37 – 무공해 비누 만들기
38 – 친환경 세제 만들기

## 2. 활동 과정

### 활동 1 | 나의 몸을 살펴보아요

**대상 연령** 만 3세
**활동 목표** 신체 각 부분의 명칭, 위치, 개수를 안다.
**보육 과정 요소** 과학적 탐구하기〉 생명체와 자연환경 알아보기〉 나의 몸 탐색
**준비물** 없음

**활동 방법**

1) 한 명의 유아를 나오게 하여 몸의 각 부분을 지적하며, 이름을 이야기해 본다.
   - 여기(눈)는 어느 곳이니?
   - 너희도 여기(어깨)를 만져 보자.
2) 유아들이 기본적인 몸의 각 부분 이름을 알게 되면 더 세부적인 부분(팔꿈치, 손목, 손가락, 발톱, 살갗, 머리카락 등)의 이름을 이야기해 본다.
3) 몸의 각 부분의 위치를 알아보고, 수를 세어 본다.
   - 우리 몸 중에서 제일 위(아래)에 있는 것은?
   - 우리 몸에 다섯 개씩 있는 것은 어떤 것일까?

## 활동 2 | 내 얼굴에는 무엇이 있나?

**대상 연령** 만 3세

**활동 목표** 얼굴 각 부분의 이름과 기능을 안다.

**보육 과정 요소** 과학적 탐구하기〉 생명체와 자연환경 알아보기〉 나의 몸 탐색

**준비물** 얼굴 각 부분의 그림, 얼굴 기본판

**활동 방법**

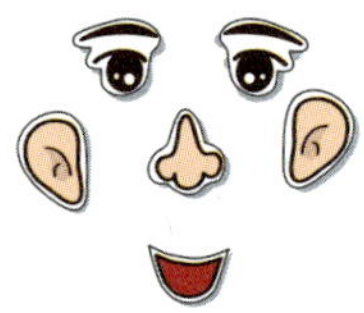

1) 유아들을 두 명씩 짝지어 친구의 얼굴을 서로 관찰하게 한다.
2) 얼굴에는 무엇 무엇이 있는지 이야기해 본다.
3) 눈, 코, 귀, 입이 각각 얼굴의 어느 부분에 있는지 물어 본다.
4) 얼굴의 각 부분이 하는 일에 대해 이야기한다.
5) 눈 그림을 붙이면서 눈으로 할 수 있는 여러 가지 움직임을 해 본다.
   예) 눈 감기, 눈 뜨기, 윙크하기, 깜박이기, 눈동자 굴리기 등
   - 눈으로 무엇을 할 수 있니?
   - 만약 눈이 없다면 어떤 일이 일어날까?
6) 교사의 지시에 따라 얼굴 각 부분을 움직여 보게 한다.
   예) 눈 감기, 코 잡기, 귀 잡고 흔들기, 입 벌리기, 눈 크게 뜨기 등
7) 얼굴 각 부분의 그림을 얼굴 기본판에 붙여서 얼굴을 완성한다.

## 활동 3 | 지문으로 재미있는 모양을 만들어요

**대상 연령** 만 4세

**활동 목표** 사람의 손가락에는 지문이 있으며, 지문은 사람마다 다르다는 것을 안다.

**보육 과정 요소** 과학적 탐구하기〉 생명체와 자연환경 알아보기〉 나의 몸 탐색

**준비물** 도화지, 스탬프 잉크, 돋보기, 사인펜

**활동 방법**

1) 각 손가락에 스탬프 잉크를 묻혀 도화지에 찍는다.
2) 휴지로 손을 닦는다.
3) 돋보기를 이용하여 도화지에 찍힌 지문을 자세히 관찰한다.
4) 손가락 간의 크기, 모양 등을 비교하고 다른 유아의 지문과도 비교해 본다.
   - 어떤 것이 제일 크니?
   - 이것은 어떤 손가락일까?
   - 지문의 모양은 어떠니?
   - 다른 친구와 지문 모양이 다른 것은 무엇 때문일까?
5) 교사는 유아들에게 잃어버린 사람을 찾을 때 사람마다 다른 특징을 가지고 있는 지문을 사용한다고 이야기한다.
6) 지문을 도화지에 찍은 후 사인펜 등으로 다양한 모양(사람, 쥐, 개미 등)을 그려 본다.

## 활동 4 | 냄새를 맡아 보세요

**대상 연령** 만 4세

**활동 목표** 다양한 냄새를 비교하여 냄새가 다름을 이해한다.

**보육 과정 요소** 과학적 탐구하기〉 생명체와 자연환경 알아보기〉 나의 몸 탐색

**준비물** 요구르트 통, 솜, 향이 나는 자료(커피, 레몬, 양파, 초콜릿, 향수, 오렌지), 향이 나는 자료의 사진 카드

### 활동 방법

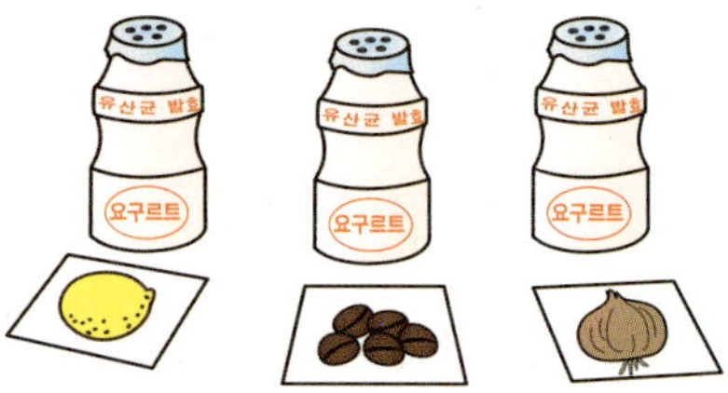

1) 요구르트 통 안에 솜을 깔고 각각의 향이 나는 자료를 넣은 후 뚜껑을 닫는다. 뚜껑은 접착 투명 시트지를 사용해 만든다. 뚜껑에 구멍을 내어 냄새를 맡을 수 있도록 한다.
2) 유아가 요구르트 통을 선택하여 냄새를 맡아 보게 한다.
   - 어떤 물체의 냄새일까?
   - 이와 비슷한 냄새를 다른 물체에서 맡아 본 적이 있니?
3) 준비된 향이 나는 자료의 사진 카드를 보며, 유아가 맡은 냄새의 물체를 찾아 보게 한다.

## 활동 5 | 이를 튼튼히 해요

**대상 연령** 만 4세

**활동 목표** 이에 좋은 음식과 나쁜 음식을 구별할 수 있다.

**보육 과정 요소** 과학적 탐구하기〉 생명체와 자연환경 알아보기〉 나의 몸 탐색

**준비물** 게임 기본판, 돌림판, 튼튼한 이 카드, 썩은 이 카드

**활동 방법**

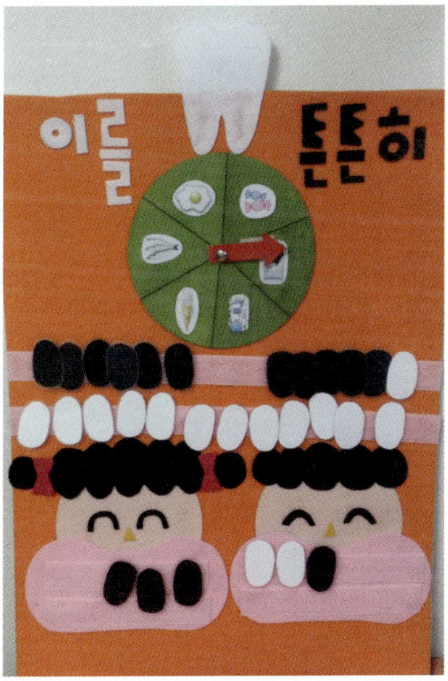


1) 얼굴을 두 명으로 나누어 맡는다.
2) 차례대로 돌림판의 화살표를 돌린다.
3) 돌림판의 화살표가 가리키는 음식이 이에 좋은 음식이면, 튼튼한 이를 얼굴의 입에 붙인다.
4) 화살표가 가리키는 음식이 이에 좋지 않은 음식이면, 썩은 이를 얼굴의 입에 붙인다.
5) 자신의 얼굴에 튼튼한 이를 많이 붙인 쪽이 이긴다.

## 활동 6 | 인형처럼 몸을 움직여 봐요

**대상 연령** 만 4세

**활동 목표** 신체 각 부분을 움직여 본다.

**보육 과정 요소** 과학적 탐구하기〉 생명체와 자연환경 알아보기〉 나의 몸 탐색

**준비물** 각 신체 부분의 종이 본, 도화지, 가위, 색연필, 펀치, Y핀

**활동 방법**

1) 교사가 준비한 각 신체 부분의 본을 도화지에 대고 그려서 색연필로 색칠하여 오린다.
2) 신체의 각 연결 부분을 펀치로 뚫고, 모두 Y핀으로 연결한다. 어린 유아를 위해 교사가 몸의 각 부분을 미리 오려서 준비하고, 색칠만 유아가 하도록 할 수도 있다.
3) 유아들이 만든 종이 인형의 신체 부분을 여러 가지 방법으로 움직여 본다.
   - 인형의 두 팔을 위로 올려 보자.
   - 왼쪽 다리를 뻗어 보자.
4) 교사가 종이 인형을 움직이고, 유아들이 자신의 신체를 이용하여 인형의 동작을 따라해 본다.

## 활동 7 | 주사위를 던져 나온 신체 부분을 움직여 보세요

**대상 연령** 만 4세

**활동 목표** 신체 각 부분의 이름을 알고 움직여 본다.

**보육 과정 요소** 과학적 탐구하기〉 생명체와 자연환경 알아보기〉 나의 몸 탐색

**준비물** 신체 그림이 그려진 주사위 2개

**활동 방법**

1) 정육면체 각각의 면에 신체 부분(머리, 손, 발, 눈, 허리, 엉덩이)을 그려 주사위를 만든다.
2) 주사위를 던져 나온 신체 부분의 이름을 말하고 그 부분을 움직여 보게 한다.
3) 유아들이 익숙해지면, 주사위 두 개를 던져 신체 두 부분을 움직여 보게 한다.
   - 몸의 두 부분을 같이 움직이니까 어떠니?

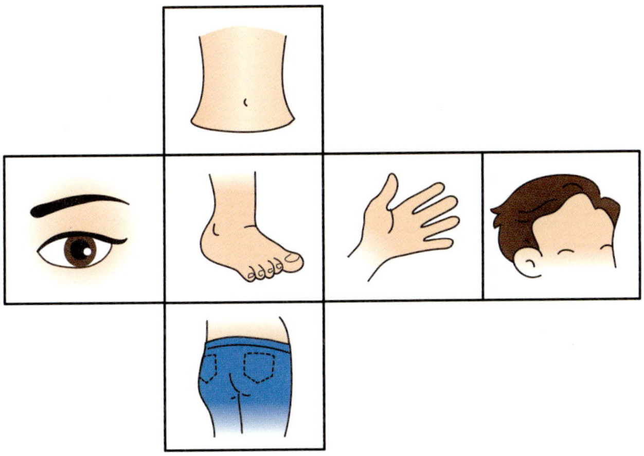

## 활동 8 | 우리 몸속 기관 알아보기

**대상 연령** 만 5세

**활동 목표** 몸속 기관의 명칭을 안다.
몸속 기관의 위치를 알 수 있다.

**보육 과정 요소** 과학적 탐구하기〉 생명체와 자연환경 알아보기〉 나의 몸 탐색

**준비물** 몸속 신체 기관 인형들, 몸판

**활동 방법**

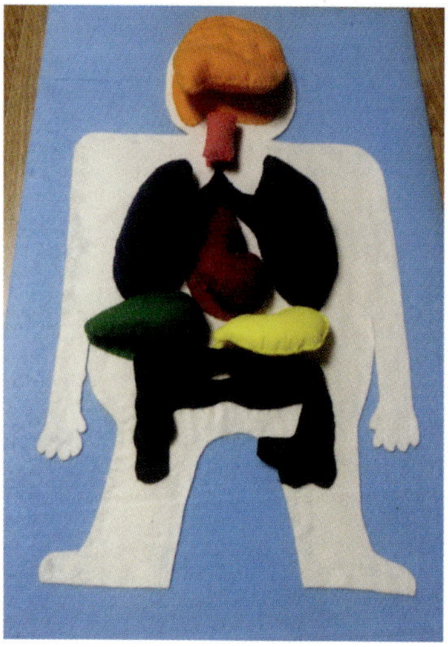

1) 몸속 기관을 탐색하고 각 기관이 하는 일을 알아본다.
   - 이 몸속 기관의 이름은 무엇일까?
   - 허파는 어떤 일을 할까?
   - 위는 어떤 일을 할까?
   - 간은 어떤 일을 할까?
   - 콩팥은 어떤 일을 할까?
   - 소장은 어떤 일을 할까?
   - 대장은 어떤 일을 할까?

2) 몸속 기관들의 이름과 하는 일을 교사가 유아들에게 설명하여 준다.
3) 몸속 신체 기관들을 몸판에 올바르게 붙여 본다.
   - 허파는 몸속 어느 곳에 위치해 있을까?

## 활동 9 | 가슴에서 나는 소리를 들어 보세요

**대상 연령** 만 5세

**활동 목표** 심장이 내는 소리를 들어 본다.

**보육 과정 요소** 과학적 탐구하기〉 생명체와 자연환경 알아보기〉 나의 몸 탐색

**준비물** 청진기

**활동 방법**

1) 청진기를 보여 주며 사용 방법에 대해 이야기를 나눈다.
   - 청진기를 어디에서 보았니?
   - 왜 청진기를 사용할까? 청진기는 어떻게 사용하는 걸까?
2) 한 유아가 다른 유아의 가슴에 청진기를 대고 소리를 들어 본 후 언어로 표현해 보게 한다.
   - 가슴에서 어떤 소리가 나니?
   - 가슴에서 나는 소리는 무엇 때문일까?
3) 몸을 많이 움직이고 난 후 가슴에서 나는 숨소리는 어떨지 예측해 본다.
4) 자리에서 일어나 제자리에서 뛴 후 가슴에 청진기를 대고 소리를 들어 본다.
   - 뛰고 난 후 심장이 뛰는 소리는 가만히 있을 때와 어떻게 다르니?

## 활동 10 | 건강한 이를 가지려면 어떻게 해야 할까?

**대상 연령** 만 5세

**활동 목표** 단 음식이 이에 나쁜 영향을 끼침을 안다.

**보육 과정 요소** 과학적 탐구하기〉 생명체와 자연환경 알아보기〉 나의 몸 탐색

**준비물** 달걀 껍질, 오렌지 주스, 콜라, 컵 2개

**활동 방법**

1) 달걀 껍질을 보여 주며, 우리의 이처럼 칼슘으로 구성되어 있음을 이야기한다.
2) 콜라가 담긴 컵과 오렌지 주스가 담긴 컵 속에 달걀 껍질을 넣어 둔다. 달걀 껍질 몇 조각은 그대로 둔다.
   - 달걀 껍질이 어떻게 변할지 예측해 보자.
3) 이틀 후 달걀 껍질이 어떻게 변했는지 살펴본다.
   - 그냥 놔 둔 껍질보다 주스 또는 콜라에 넣어 둔 껍질이 더 부서지기 쉬운 상태가 되었는데, 왜 이렇게 되었을까?
4) 교사는 유아에게 콜라나 주스 등의 음식을 너무 많이 먹거나 이를 규칙적으로 닦지 않으면, 우리들의 이도 달걀 껍질처럼 될 것이라고 이야기한다.

## 활동 11 | 어떤 동물일까?

**대상 연령** 만 4세

**활동 목표** 동물의 특징을 안다.

**보육 과정 요소** 과학적 탐구하기〉 생명체와 자연환경 알아보기〉 동물

**준비물** 동물 그림 카드 8종, 가림판 8종

**활동 방법**

1) 동물을 그린 카드 윗면에 그림이 비치지 않는 종이 한 장을 덧붙여 부분적으로 열어 볼 수 있도록 한다.

• 어떤 동물일까?

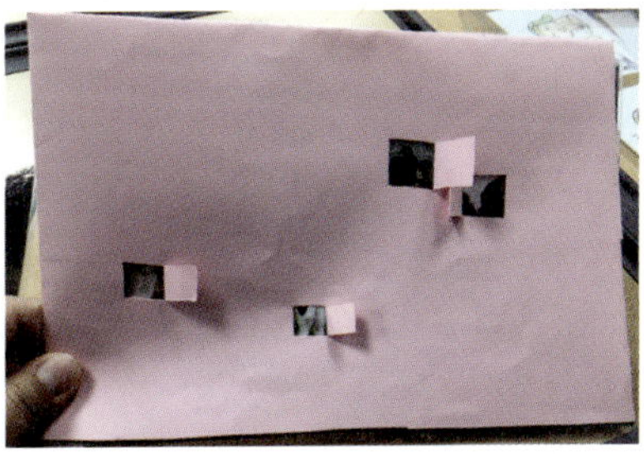

• 동물 그림 전체를 펼쳐 확인하기

2) 수수께끼식으로 그림 카드의 열림 부분을 하나씩 열어 보면서, 유아들이 어떤 동물인지 예측해 보도록 한다.
   - 어떤 동물일까?
3) 유아들의 반응을 들어 본 후, 동물 그림 전체를 펼쳐 어떤 동물인지 확인할 수 있도록 한다.
4) 그 동물의 울음소리와 몸짓도 흉내 내 본다.
   - 이 동물은 어떤 소리를 낼까?
   - 이 동물은 어떻게 움직이니?
5) 다른 동물 그림 카드를 이용하여 활동을 계속한다.

## 활동 12 | 토끼를 관찰해요

**대상 연령** 만 4세

**활동 목표** 토끼의 모습과 먹이를 안다.
토끼의 생김새와 특징을 안다.

**보육 과정 요소** 과학적 탐구하기〉 생명체와 자연환경 알아보기〉 동물

**준비물** 어린 토끼(1~2마리), 토끼에 관한 그림책, 토끼 먹이

**활동 방법**

1) 토끼를 관찰 하기 전날, 토끼가 무엇을 먹고 사는지 미리 알아본다.
2) 실외에 나가 유아들이 동그랗게 둘러앉고, 토끼장에서 어린 토끼를 꺼내 잔디밭에 풀어 놓는다. 토끼를 꺼낼 때 한 손으로 토끼의 두 귀를 잡고 다른 손으로 토끼의 엉덩이를 받쳐 준다.

3) 유아들과 토끼를 관찰하면서 토끼에 관한 이야기를 나눈다.
   - 토끼는 어떻게 생겼니?
   - 다리를 잘 살펴보자. 어떤 특성이 있니?
   - 토끼의 눈은 어떠니?
4) 가져온 토끼 먹이를 주며 토끼가 어떤 것을 잘 먹는지, 먹는 모습은 어떤지 관찰한다.

## 활동 13 | 동물의 집을 찾아 주세요

**대상 연령** 만 4세

**활동 목표** 동물의 특징을 안다.
동물들이 사는 곳을 찾아 분류할 수 있다.

**보육 과정 요소** 과학적 탐구하기〉 생명체와 자연환경 알아보기〉 동물

**준비물** 화장지(티슈) 상자 3개, 동물 카드

### 만드는 방법

• 하늘, 땅(산), 바다 상자

1) 티슈 상자 겉면을 시트지로 붙인다.

2) 상자를 각각 하늘, 산, 바다로 꾸민다.

3) 하늘, 산, 바다에 사는 동물들을 각각의 카드에 그리거나, 사진으로 준비한다.

**활동 방법**

1) 준비된 자료들을 살펴본다.
2) 네 명의 유아들이 동물 카드를 각각 세 장씩 가져가게 한다.
   - 자기가 갖고 싶은 동물 카드를 세 장씩 가져가자.
3) 각각의 동물 카드를 보며 동물의 이름, 사는 곳 등을 이야기한다.
   - 이 그림은 어떤 동물이니?
   - 언제, 어디서 보았는지 친구들에게 이야기해 보자.
   - 이 동물은 어디에서 살고 있을까?
   - 살고 있는 곳의 상자에 동물 카드를 넣어 보자.
4) 유아들이 차례대로 돌아가며 자신이 가진 동물 카드에 대해 이야기 하고, 동물이 사는 상자 안에 넣는다.
   - 독수리는 하늘을 날아다녀요. 그래서 카드를 하늘 상자에 넣었어요.

## 활동 14 | 큰 주사위를 이용한 동물 흉내 내기

**대상 연령** 만 4세

**활동 목표** 동물의 특성을 알고 몸으로 표현해 본다.

**보육 과정 요소** 과학적 탐구하기〉 생명체와 자연환경 알아보기〉 동물

**준비물** 동물 그림(6면)이 그려진 주사위(20×20㎝)

**활동 방법**

1) 유아들과 동그랗게 둘러앉는다.
2) 주사위를 보면서 각 면에 있는 동물에 대해 이야기를 나눈다.
   - 이것은 어떤 동물이니?
   - 이 동물은 어떻게 소리를 낼까? 어떻게 움직일까?
3) 유아들의 다양한 이야기를 들어 보고, 동물 소리와 흉내를 내 본다.
4) 한 명의 유아가 앞으로 나와 주사위를 던진 후 나온 면의 동물 흉내를 내 본다.
5) 유아들과 함께 노래를 부르며 자유롭게 움직이다가 주사위를 던져 나온 면의 동물이 되어 멈추는 놀이를 할 수 있다.

## 활동 15 | 동물이 되어 보세요

**대상 연령** 만 4세

**활동 목표** 동물의 특징을 안다.
동물의 특징을 이해하고 표현한다.

**보육 과정 요소** 과학적 탐구하기〉 생명체와 자연환경 알아보기〉 동물

**준비물** 동물 상자 2~3개

### 만드는 방법

• 동물 상자

1) 큰 상자의 윗부분을 유아의 몸이 들어갈 정도로 둥글게 뚫는다.
2) 상자의 아랫부분은 원하는 모양으로 잘라 낸다.
3) 윗부분에 뚫은 구멍 양옆에 유아의 몸 길이에 맞춰 끈을 묶는다.
4) 상자 옆면에 동물 그림을 붙이고, 털실을 이용해 수염이나 꼬리 등을 만든다.

### 활동 방법

1) 유아들이 동물 상자의 끈을 어깨에 걸고, 동물 흉내를 내 본다.
2) 유아들이 동물 상자를 이용하여 극놀이를 하도록 한다.
   - 토끼야, 너는 걸을 때 어떻게 걷니?
   - 토끼야, 너는 뛸 때 어떻게 뛰지?
   - 닭아, 너는 먹이를 먹을 때 어떻게 먹니?
   - 닭아, 너희는 집이 어디니?

## 활동 16 | 곤충 수수께끼

**대상 연령** 만 5세

**활동 목표** 곤충의 이름, 특성을 안다.

**보육 과정 요소** 과학적 탐구하기〉 생명체와 자연환경 알아보기〉 동물

**준비물** 여러 가지 곤충 그림 카드

**활동 방법**

1) 곤충 그림 카드를 살펴본다.
   - 이 곤충의 이름은 무엇이니?
   - 어디에서 본 적이 있니?
   - 무엇을 먹고 살까?
2) 한 명의 유아가 나와 카드 한 장을 보고, 다른 유아들에게 수수께끼를 낸다.
   - 이 곤충은 풀밭에서 살고, 몸의 색깔은 초록색이야.
3) 앉아 있는 유아들이 수수께끼의 답을 이야기한다.
4) 다른 유아가 나와 다른 곤충 그림 카드로 수수께끼를 낸다.

## 활동 17 | 벌과 나비가 되어 보세요

**대상 연령** 만 5세

**활동 목표** 벌과 나비의 특징을 알고 움직임을 몸으로 표현한다.

**보육 과정 요소** 과학적 탐구하기〉 생명체와 자연환경 알아보기〉 동물

**준비물** 벌과 나비의 특성을 나타내는 머리띠, 보자기

**활동 방법**

1) 유아들과 미술 활동 영역에서 벌과 나비의 특성을 나타내는 머리띠를 만든다.
2) 보자기, 신문지 등을 이용하여 벌과 나비의 날개를 만들어 팔에 묶어 표현한다.
3) 서로 자신이 어떤 곤충인지 이야기해 보고, 그 곤충의 움직임을 표현해 본다.
   - 너는 어떤 곤충이니?
   - 지금은 어떤 움직임을 표현한 것이니?
   - 너희들이 이제 모두 벌과 나비가 되었단다.
     너희들은 날개가 있고, 6개의 다리를 가지고 있어.
     벌과 나비들이 날아다니며 작은 벌레(파리)를 쫓고 있단다.
     벌과 나비들이 작은 벌레를 잡았는데, 이 벌레를 어떻게 할까?
     멀리멀리 날아갈 수 있도록 놓아주자.

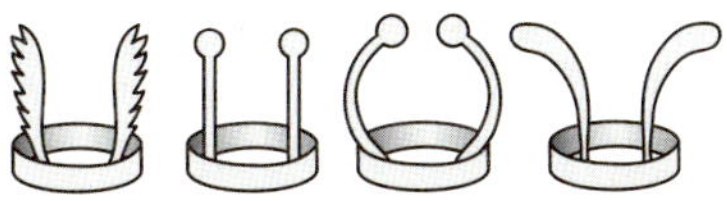

## 활동 18 | 살아 있는 것은 모두 자라요

**대상 연령** 만 5세

**활동 목표** 살아 있는 동물과 식물은 계속 자라는 것을 안다.

**보육 과정 요소** 과학적 탐구하기〉 생명체와 자연환경 알아보기〉 동물

**준비물** 사람의 성장 모습 사진, 동물의 어미와 새끼 카드, 식물의 성장 모습 카드

### 활동 방법

1) '자란다.'는 말에 대해 서로 이야기하고, 사람의 성장에 따른 모습을 사진으로 보여 준다.
   - 아기가 자라서 너희들(유아)이 되고, 유아가 자라서 초등학교 언니가 되고, 초등학교 언니가 자라서 중학생 언니가 되고, 중학생 언니가 자라서 엄마가 된단다.
2) 자라는 것과 자라지 않는 것은 무엇이 있는지 알아본다.
   - 어떤 것이 자라는 것은, 살아 있기 때문이야.
   - 살아 있는 것은 모두 자란단다.
3) 동물과 식물이 자라는 과정을 카드로 맞혀 본다.
   - 이 동물은 무엇일까? 자라서 어떻게 변했을까?
   - 이 나무는, 이 꽃은 무엇일까? 자라서 어떻게 변했을까?
4) 자라는 것에는 무엇이 있을까? 자라지 않는 것은 무엇이 있을까?

## 활동 19 | 식물은 어디에서나 볼 수 있어요

**대상 연령** 만 4세

**활동 목표** 주변 환경에서 볼 수 있는 여러 가지 식물을 관찰한다.

**보육 과정 요소** 과학적 탐구하기〉 생명체와 자연환경 알아보기〉 식물

**준비물** 없음

**활동 방법**

1) 유아와 함께 숲 견학을 간다.
2) 주변에 어떤 종류의 식물이 있는지 찾아본다.
   - 식물은 어떤 것들이 있을까?
   - 식물 중 가장 큰 것은? 가장 작은 것은?
   - 우리가 볼 수 있는 식물의 색깔은 무엇이 있을까?
3) 교사는 우리 주변의 어디서나 식물을 볼 수 있으며, 식물이 공기를 깨끗하게 해 준다고 이야기한다. 또 식물이 동물이나 사람들이 숨을 쉴 수 있도록 산소를 만들어 냄을 알려 준다.

## 활동 20 | 사과 안에 씨가 몇 개나 있을까?

**대상 연령** 만 4세

**활동 목표** 식물의 씨에 대한 관심을 갖는다.

**보육 과정 요소** 과학적 탐구하기〉 생명체와 자연환경 알아보기〉 식물

**준비물** 사과 2개, 칼, 도마

**활동 방법**

1) 준비된 과일을 살펴보고 그 안에 씨가 몇 개 들어 있는지 예측해 본다.
   - 이 사과 안에는 씨가 몇 개 있을까?
2) 유아들이 보는 앞에서 사과를 잘라 씨의 수를 세어 본다.
   - 너희들이 생각했던 것하고 어떤 것 같으니?
3) 다른 색의 사과를 보여 주며 씨의 수를 예측해 본다.
   - 이 사과에는 씨가 몇 개가 있을까?
   - 왜 그렇게 생각하니?
4) 자른 사과의 씨가 보이도록 사진을 찍어서 전시한다.

## 활동 21 | 씨앗은 강한 힘을 가지고 있어요

**대상 연령** 만 4세

**활동 목표** 씨앗이 물을 흡수하면 팽창함을 안다.

**보육 과정 요소** 과학적 탐구하기〉 생명체와 자연환경 알아보기〉 식물

**준비물** 작은 플라스틱 용기, 물에 불린 콩 씨앗, 물뿌리개

**활동 방법**

1) 작은 플라스틱 용기에 콩 씨앗을 가득 담는다.
2) 용기 끝까지 물을 넣은 후 뚜껑을 올려놓는다.
3) 용기 안에 있는 씨앗과 뚜껑이 하루 지난 후 어떻게 될지 예측해 보게 한다.
4) 다음날 용기를 관찰한 후 이야기를 나눈다.
   - 용기 위에 올려놓았던 뚜껑이 어떻게 되었니?
   - 왜 뚜껑이 떨어졌을까?
   - 용기 안에 있던 물은 어디로 갔을까?
5) 교사는 용기 안의 씨앗이 물을 흡수하여 팽창하였으며, 그로 인해 용기 위에 올려져 있던 뚜껑이 떨어졌다고 이야기한다.

## 활동 22 | 달걀 상자를 이용하여 씨앗을 심어 봐요

**대상 연령** 만 4세

**활동 목표** 씨앗을 싹 틔우는 경험을 한다.

**보육 과정 요소** 과학적 탐구하기〉 생명체와 자연환경 알아보기〉 식물

**준비물** 달걀 상자, 달걀 껍질, 당근 씨앗, 무 씨앗, 일회용 숟가락

**활동 방법**

1) 달걀 상자 안에 빈 달걀 껍질을 반으로 잘라 놓아둔다.
2) 각각의 껍질에 흙을 넣고 당근, 무의 씨앗을 넣는다.
3) 각각의 껍질에 숟가락을 이용하여 물을 넣은 후, 뚜껑을 닫는다.
4) 교사는 씨앗이 따뜻한 상태에서 빨리 자라게 하기 위해서 달걀 상자의 뚜껑을 닫는다고 설명한다.
5) 달걀 상자에서 싹이 나면 싹이 난 새싹들을 큰 화분에 옮겨 심는다.

## 활동 23 | 야채가게놀이

**대상 연령** 만 4세

**활동 목표** 여러 가지 야채의 이름을 알고 역할놀이를 할 수 있다.

**보육 과정 요소** 과학적 탐구하기〉 생명체와 자연환경 알아보기〉 식물

**준비물** 야채 전시 상자, 다양한 야채 인형(당근, 고추, 무, 가지, 오이, 시금치 등)

**활동 방법**

1) 다양한 야채의 종류에 대해 탐색한다.
   - 야채에는 무엇이 있나요?
2) 야채 가게에 가 본 경험에 대해 이야기를 나눈다.
   - 야채 가게에서 파는 야채는 무엇이 있나요?
3) 야채 가게 주인과 손님으로 역할을 나누어 놀이를 해 본다.
   - 누가 야채 가게 주인을 하겠니? 손님에게 야채를 팔아 보자.

## 활동 24 | 식물은 물이 필요해요

**대상 연령** 만 5세

**활동 목표** 식물이 성장하는데 물이 필요함을 안다.

**보육 과정 요소** 과학적 탐구하기〉 생명체와 자연환경 알아보기〉 식물

**준비물** 같은 식물 화분 2개, 물뿌리개, 물방울 그림 카드

**활동 방법**

1) 물을 자주 주어야 하는 식물 화분 두 개를 준비한다.
2) 빛이 적당히 드는 곳에 놓아둔다.
3) 화분 하나를 선택하여 물방울 그림 카드를 만들어 화분 앞에 놓는다.
4) 유아들과 물방울이 그려진 카드가 놓여 있는 화분에만 물을 주기로 약속한다.
5) 물을 준 화분과 주지 않은 화분은 앞으로 어떻게 될지 예측하게 한다.
6) 며칠이 지난 후 두 화분을 비교한다.
   - 어떤 것이 잘 자랐니? 왜 그럴까?
7) 비교한 후 두 화분 모두 잘 자랄 수 있도록 물을 충분히 준다.

## 활동 25 | 식물의 물 흡수

**대상 연령** 만 5세

**활동 목표** 식물은 물을 흡수한다는 것을 안다.

**보육 과정 요소** 과학적 탐구하기〉 생명체와 자연환경 알아보기〉 식물

**준비물** 당근, 셀러리, 흰 카네이션, 컵 3개, 물, 식용 색소

**활동 방법**

1) 컵에 물을 넣은 후 식용 색소를 타서 색이 있는 물을 만든다.
2) 각각의 색 물 속에 준비한 당근, 셀러리, 흰 카네이션을 꽂아 둔다. 당근은 밑둥을 조금 잘라서 넣는다.
3) 하루가 지난 후 식물을 꺼내 변화를 관찰한다.
   - 당근 속이 어떻게 변했니? (당근을 잘라 보여 주며) 왜 이렇게 되었을까?
   - 셀러리는 어떻게 변했니? 왜 이렇게 되었을까?
   - 카네이션은 어떻게 되었니? 왜 이렇게 되었을까?
4) 교사는 유아들에게 식물의 어떤 부분이 물을 빨아들였는지 이야기한다. 이때, 줄기를 반으로 잘라 보여 주면 물의 이동 모습을 자세히 관찰할 수 있다.
5) 물이 없으면 식물들은 어떻게 될지 이야기해 본다.

## 활동 26 | 식물은 햇빛이 필요해요

**대상 연령** 만 5세

**활동 목표** 식물의 성장에는 햇빛이 필요함을 안다.

**보육 과정 요소** 과학적 탐구하기〉 생명체와 자연환경 알아보기〉 식물

**준비물** 화분 2개, 식물 씨앗

**활동 방법**

1) 두 개의 화분에 식물 씨앗을 심어 싹이 나오면 한 화분은 햇빛이 드는 창문 근처에 놓아두고, 다른 화분은 어두운 곳에 놓아둔다.
2) 유아들에게 햇빛이 드는 곳에 놓은 화분과 어두운 곳에 놓은 화분이 어떻게 될지 추측하게 한다.
3) 유아들이 당번을 정해, 두 개의 화분에 물을 규칙적으로 준다.
4) 십오일 정도가 지난 후에 두 개의 화분을 비교해 본다.
   - 두 식물의 어떤 점이 같으니? 다른 점은 무엇이니?
   - 어두운 곳에 있던 식물은 창문 근처에 놓아둔 것보다 잎과 줄기가 가냘프고 말라 있는데, 왜 그럴까?
   - 마른 화분을 잘 자라게 하려면 어떻게 해야 할까?

## 활동 27 | 물잔디 기르기

**대상 연령** 만 5세

**활동 목표** 물잔디를 키우는 경험을 한다.

**보육 과정 요소** 과학적 탐구하기〉 생명체와 자연환경 알아보기〉 식물

**준비물** 색깔 솜(빨간 솜, 노란 솜, 파란 솜), 접시 3개, 물잔디 씨앗, 물

**활동 방법**

1) 준비된 자료들을 살펴본다.
2) 세 개의 접시에 세 가지 색의 솜을 올리고 물을 충분히 준다.
3) 유아들이 세 개의 접시 솜 위에 물잔디 씨앗을 뿌린다.
4) 세 가지 색깔 솜의 물잔디 새싹이 어떤 색일지 예측해 보게 한다.
5) 여러 가지 새싹의 색을 예측하는 이유를 물어 보고, 유아들이 예측한 색을 기록하여 남긴다.
6) 매일 물잔디 씨앗이 담긴 솜에 물을 주고, 새싹의 성장을 관찰하게 한다.
7) 세 개의 솜에 물잔디 새싹이 모두 나왔을 때, 세 개의 솜의 새싹 색깔이 초록색이 된 것을 확인한다.
8) 왜 세 개의 새싹 색깔이 모두 초록색이 되었는지 이유를 추측해 본다.

## 활동 28 | 콩나물 기르기

**대상 연령** 만 5세

**활동 목표** 콩나물을 키우는 경험을 한다.

**보육 과정 요소** 과학적 탐구하기〉 생명체와 자연환경 알아보기〉 식물

**준비물** 콩나물 콩, 작은 시루, 넓은 플라스틱 그릇, 검은 헝겊, 콩나물 약간, 망사, 나무 막대 2개, 큰 국자

**활동 방법**

1) 준비된 자료들을 살펴본다.
2) 유아들과 함께 콩나물 콩을 관찰하고 길게 자란 콩나물과 비교해 본다.
   - 콩과 콩나물의 크기, 색깔, 모양을 비교해 보자.
3) 교사는 작은 시루를 유아들에게 보여 주며, 자세히 살펴보게 한다.
4) 시루 밑에 망사를 깔고 콩나물 콩을 두세 국자 넣는다.
5) 넓은 플라스틱 그릇 위에 나무 막대를 올려놓고 시루를 얹는다.
6) 국자를 이용해 물을 한 시간에 한 번씩 뿌려 준다.
7) 관찰하거나 물을 줄 때 이외에는 검은 헝겊으로 덮어놓도록 한다.
8) 관찰 공책에 콩나물이 자라는 모습을 그리거나 글로 적어 책을 만든다.
9) 며칠이 지나 콩나물이 다 자라면, 유아들과 함께 콩나물국을 끓여 먹는다.

## 활동 29 | 우리 동네 놀이터 청소하기

**대상 연령** 만 4세

**활동 목표** 놀이터 주변의 쓰레기를 치우며 환경을 보호한다.

**보육 과정 요소** 과학적 탐구하기〉 생명체와 자연환경 알아보기〉 환경 보호

**준비물** 종이봉투, 집게, 빗자루, 종량제 쓰레기봉투

**활동 방법**

1) 유아들과 우리 동네 놀이터를 아끼고 사랑하는 방법에 대해 이야기한다.
2) 유아들이 직접 어린이 놀이터를 청소하기로 하고, 놀이터에 모두 나가서 같이 청소한다.
3) 각 유아에게 종이봉투, 집게를 각자 나누어 주고 쓰레기를 주워 모으게 한다. 선생님도 같이 쓰레기를 모은다.
4) 쓰레기를 다 모은 후 누가 많은 쓰레기를 모았는지 비교하고 칭찬한다.
   - 쓰레기를 모으면서 있었던 일들을 이야기해 보자.
   - 누가 쓰레기를 많이 모았나?
   - 재활용 쓰레기는 어떤 것일까?
5) 모은 쓰레기를 종량제 쓰레기봉투에 담는다. 이때 재활용 쓰레기는 따로 분리해 담는다.

6) 놀이터 청소 후 활동을 평가한다.

- 깨끗해진 놀이터를 보면 어떤 느낌이 드니?
- 쓰레기를 누가 버렸을까?
- 앞으로 놀이터가 깨끗하려면 어떻게 해야 할까?

## 활동 30 | 공기 오염

**대상 연령** 만 4세

**활동 목표** 공기 중에 더러운 물질이 떠다님을 안다.

**보육 과정 요소** 과학적 탐구하기〉 생명체와 자연환경 알아보기〉 환경 보호

**준비물** 접시 3~4개, 솜, 물이 담긴 그릇

**활동 방법**

1) 교사는 준비된 자료들을 늘어놓고 유아가 충분히 탐색할 시간을 준다.
2) 유아가 자료를 흥미 있게 탐색할 때, 교사는 다음과 같이 질문한다.
   - 이것들을 가지고 무엇을 해 볼 수 있을까?
   - 어떤 놀이를 해 볼까?
3) 교사는 유아들이 자료를 이용해 여러 가지 놀이를 창안해 낼 때 다음과 같은 질문을 할 수 있다.
   - 솜에 물을 묻히면 어떻게 될까?
   - 물 묻은 솜을 어디에 쓸까?
   - 먼지를 닦아 보면 어떻겠니?
4) 공기 오염 정도를 조사하기 위해 두 개의 접시에 젖은 솜을 담는다. 이 중 하나는 교실 안에 두고, 다른 하나는 교실 밖에 두어 공기의 오염 정도에 따라 솜이 변한 것을 관찰하고 기록한다.

5) 교사는 우리 눈에 보이지는 않지만 공기 중에 더러운 먼지가 떠다닌다는 것을 유아들에게 알려 준다.

- 어느 솜이 깨끗하니?
- 이 솜은 왜 이렇게 더럽게 되었을까?

## 활동 31 | 깨끗한 물, 더러운 물

**대상 연령** 만 4세

**활동 목표** 깨끗한 물과 더러운 물의 차이를 안다.

**보육 과정 요소** 과학적 탐구하기〉 생명체와 자연환경 알아보기〉 환경 보호

**준비물** 흰색 전지, 바늘을 뺀 주사기나 물총, 여러 종류의 물(수돗물, 빨래한 물, 흙탕물, 색 물감)

**활동 방법**

1) 날씨가 좋은 날, 실외에서 활동을 준비한다.
2) 나무 사이에 빨랫줄을 매단 후 흰색 전지를 걸어 놓거나, 비어 있는 벽면을 활용해 전지를 부착해 놓는다.
3) 주사기나 물총을 이용하여 그림을 그릴 수 있는 방법에 대해 이야기한다.
   - 주사기(물총)로 그림을 그리려면 어떻게 해야 할까?
4) 주변에 있는 여러 가지 물을 찾아본다. 깨끗한 물과 더러운 물을 주사기(물총)에 넣어 전지에 쏴 본다.
5) 종이 위에 나타난 자국을 보고 이야기한다.
   - 전지에 나타난 자국이 어떤 그림 같으니?

6) 말린 후에 깨끗한 물과 더러운 물의 자국을 비교하며 이야기를 나눈다.

- 그린 그림의 자국들을 비교해 보자. 어떤 것 같으니?
- 왜 물이 더럽게 됐을까?
- 우리가 어떻게 하면 더러운 물을 줄일 수 있을까?

## 활동 32 | 썩지 않는 쓰레기

**대상 연령** 만 4세

**활동 목표** 어떤 쓰레기들은 썩지 않아 흙을 오염시킨다는 것을 안다.

**보육 과정 요소** 과학적 탐구하기〉 생명체와 자연환경 알아보기〉 환경 보호

**준비물** 교실 내의 각종 쓰레기, 분리 수거함

### 활동 방법

1) 교사는 교실 내의 각종 쓰레기를 모아 유아들과 관찰해 본다.
   - 여기에 어떤 것들이 있니?
   - 버리지 않고 다시 사용할 수 있는 것은 없을까?
   - 이것들을 가지고 무엇을 해 볼 수 있을까?
2) 유아들과 다시 쓸 수 있는 자료들을 골라낸 후 재활용품을 병류, 플라스틱류, 종이류, 헝겊류, 깡통류 등으로 분류한다.
3) 교사는 쓰레기 종류 중에서 땅속에 묻었을 때 썩는 것과 썩지 않는 것이 어떤 것이 있는지 이야기한 후, 땅에 묻을 것의 종류를 결정한다.
   - 땅속에 묻었을 때 어떤 것은 썩고 어떤 것은 안 썩을까?
4) 유아들과 의논해 결정한 쓰레기들을 약 10㎝ 정도 깊이로 흙을 판 후 유아들이 직접 땅에 묻게 하고, 묻은 것과 묻은 날짜를 적어 표지판을 꽂도록 한다.

5) 한 달 이상 지난 후에 땅속을 파서 관찰한 후 썩지 않은 쓰레기에 관해 이야기 한다.

- 물건들이 어떻게 되었니?
- 이 물건들은 왜 썩지 않았을까?
- 버리는 물건이 썩지 않으면 어떤 일이 일어날까 상상해 보자.

## 활동 33 | 신문지로 담장을 꾸며 보세요

**대상 연령** 만 5세

**활동 목표** 버리는 신문지를 이용하여 놀잇감을 만들 수 있음을 안다.

**보육 과정 요소** 과학적 탐구하기〉 생명체와 자연환경 알아보기〉 환경 보호

**준비물** 신문지, 테이프, 물감, 크레파스, 노끈, 철사

### 활동 방법

1) 신문지를 이용해서 할 수 있는 작업에 대해 알아본다.
   - 교실에 많이 모아 둔 신문지를 이용해서 무엇을 할 수 있을까?
   - 우리가 놀이하는데 이 신문지를 활용할 방법은 없을까?
2) 유아들과 여러 장(7~8장 정도)의 신문지를 단단하게 만다.
3) 테이프로 끝이 풀리지 않게 붙인다.
4) 여러 개의 신문지 말이를 만들어 유아가 원하는 형태(집, 버스, 담장 등)를 만들어 보게 한다.
   - 아주 많이 만들었구나. 이것으로 무엇을(어디를) 꾸며 볼까?
   - 이 신문지 말이를 연결하려면 어떻게 하면 될까?
5) 교사는 유아와 함께 신문지 말이를 노끈으로 연결한다.

6) 신문지 말이를 연결하여 집을 만들 때, 바닥에 지탱할 수 있도록 군데군데에 철사를 넣어 고정시켜 준다.

7) 유아와 함께 만든 신문지 집을 놀이할 때 활용한다.

## 활동 34 | 못 쓰는 종이를 다시 쓸 수 있는 종이로 만들기

**대상 연령** 만 5세

**활동 목표** 못 쓰는 종이를 이용하여 다시 쓸 수 있는 종이로 만들 수 있음을 안다.

**보육 과정 요소** 과학적 탐구하기〉 생명체와 자연환경 알아보기〉 환경 보호

**준비물** 신문지, 절구, 쇠 그물, 널빤지, 솜방망이, 물, 밀가루 풀

**활동 방법**

1) 유아들에게 신문지를 이용하여 다시 쓸 수 있는 종이를 만들어 보자고 이야기한다.

- 재생 종이 만들기

① 신문지 두 장을 잘게 찢는다.

② 물 다섯 컵을 붓고 찢은 종이를 넣어서 절구에 빻아 펄프를 만든다.

③ 쇠 그물 틀에 펄프를 고르게 펴서 물을 뺀다.

④ 펄프가 쇠 그물 사이로 빠져나가도록 신문지 사이에 놓고 두들긴다.

⑤ 신문지-펄프-쇠 그물-신문지-널빤지 순으로 놓고 눌러서 물기를 없앤다.

⑥ 하룻밤이 지나고 나면 재생 종이가 완성된다.

2) 유아들과 새로 만든 재생 종이를 관찰한다.

• 재생 종이 관찰하기

① 새로 만든 종이를 만져 보고 흔들어 보면서 관찰한다.

② 새로 만든 종이를 어떻게 사용할까 유아들과 이야기를 나눈다.

③ 새로 만든 종이를 사용하여 그림을 그려 보도록 한다.

## 활동 35 | 깨끗한 물 만들기

**대상 연령** 만 5세

**활동 목표** 물을 깨끗하게 만드는 방법이 있음을 안다.

**보육 과정 요소** 과학적 탐구하기〉 생명체와 자연환경 알아보기〉 환경 보호

**준비물** 물 여과 장치

**활동 방법**

1) 오염된 물(흙탕물)을 떠서 살펴본다.
   - 냄새는 어떠니?
   - 색깔은 어떠니?
   - 왜 물이 더러워졌을까?
2) 더러운 물을 깨끗하게 만들 수 있는 방법을 생각해 본다.
   - 어떻게 하면 더러운 물이 다시 깨끗해질까?
3) 준비된 자료를 살펴보고 오염된 물을 차례로 부어 본다.

4) 각각의 여과 장치 아래로 어떤 물이 나오는지 관찰해 본다.

5) 여과시킨 물과 처음의 더러운 물이 어떻게 다른지, 왜 그렇게 되었는지 이야기를 나눈다.

- 물이 어떻게 되었니?
- 왜 물이 깨끗해졌을까?

## 활동 36 | 더위를 시원하게 보내기

**대상 연령** 만 5세

**활동 목표** 게임을 통해 전기를 아끼면서 더위를 시원하게 보내는 방법에 대해 안다.

**보육 과정 요소** 과학적 탐구하기〉 생명체와 자연환경 알아보기〉 환경 보호

**준비물** 부채 모양 게임판, 말, 삼각 주사위

**활동 방법**

1) 부채, 선풍기, 에어컨에 대해 이야기를 나눈다.
   - 더울 때 어떻게 하면 시원해질 수 있을까?
2) 유아들의 대답을 듣고 부채, 선풍기, 에어컨 중 전기의 힘으로 움직이는 것은 무엇인지 알아본다.
   - 전기의 힘으로 움직이는 것은 무엇일까?
3) 전기를 많이 필요로 하는 순서를 알아보고, 이야기를 나눈다.
   - 선풍기와 에어컨의 전기 소모량은 얼마나 차이가 날까?
     예) 선풍기 30대 = 에어컨 1대
   - 전기를 아껴 쓰고 건강에도 좋으려면 세 가지 중 어떤 것을 사용해야 할까?
4) 준비된 자료를 보며 게임 방법을 알아본 후, 게임에 필요한 규칙을 유아와 함께 정한다.
5) 게임 순서를 정하고 말을 하나씩 가진 후 출발 지점에 놓는다.

6) 삼각 주사위를 던져 바닥에 닿은 면의 그림을 보고 말을 움직인다.

예) 부채 – 두 칸 앞으로

선풍기 – 한 칸 앞으로

에어컨 – 한 칸 뒤로

7) 중심 부분의 도착점에 먼저 도달한 유아가 이기게 된다.

## 활동 37 | 무공해 비누 만들기

**대상 연령** 만 5세

**활동 목표** 물을 덜 오염시키는 방법을 찾아보고 실천해 본다.

**보육 과정 요소** 과학적 탐구하기〉 생명체와 자연환경 알아보기〉 환경 보호

**준비물** 폐식용유 3.3ℓ, 철 깡통(1말 짜리), 물 0.9ℓ, 스티로폼 상자, 가성 소다 500g, 막대기와 모포

**활동 방법**

1) 유아들에게 준비한 폐식용유의 냄새를 맡아 보게 한다.
   - 냄새가 어떠니? 이것은 사용한 적이 있는 식용유 찌꺼기란다.
   - 폐식용유로 비누를 만들어 쓰면 물의 오염을 줄일 수 있단다.
2) 폐식용유로 비누를 만들어 보자고 이야기한다.

- 폐식용유로 비누 만들기

① 철 깡통에 가성 소다 500g을 넣고 물 0.9ℓ를 부은 후 휘젓는다. 이때 가스가 발생하므로 유아들을 떨어져 있게 한다.

② 가성 소다가 다 녹으면 폐식용유 3.3ℓ를 천천히 부은 후, 15~30분 정도 막대기로 잘 젓는다.

③ 반응열이 높아져 점도가 증가하고 물컹물컹해지면 스티로폼 상자에 따라 붓고 모포를 덮어둔다.

④ 하루 정도 지나면 딱딱한 비누가 생긴다.

3) 유아들과 폐식용유의 변화에 대해 이야기한다.
   - 기름이 어떻게 변했니?
   - 이것은 무엇일까?

4) 교사는 다른 비누에 비해 알칼리도가 높으므로 한 달 정도 후에 쓰는 것이 좋다고 설명한다.

5) 유아들에게 자신이 만든 비누를 조금씩 나누어 주어 집으로 가져가도록 한다.

## 활동 38 | 친환경 세제 만들기

**대상 연령** 만 5세

**활동 목표** 물을 덜 오염시키는 방법을 찾아 실천해 본다.

**보육 과정 요소** 과학적 탐구하기〉 생명체와 자연환경 알아보기〉 환경 보호

**준비물** 베이킹 소다, 식초, 물, 향신료, 숟가락, 투명 플라스틱 컵, 분무기, 휴지

**활동 방법**

1) 유아들과 준비된 자료를 살펴본다.
2) 각 유아에게 투명 플라스틱 컵과 숟가락을 나누어 준다.
3) 투명 플라스틱 컵에 베이킹 소다와 식초, 물을 넣어서 숟가락으로 저어 준다.
4) 투명 플라스틱 컵에 향신료를 약간 넣어서 친환경 세제를 완성한다.
   - 우리가 만든 친환경 세제로 물건이 깨끗하게 닦아질까요?
5) 다 만든 친환경 세제를 각각 분무기에 넣는다.

6) 유아들이 만든 친환경 세제로 교실에 있는 놀잇감을 닦는다.

- 각자 흩어져서 친환경 세제와 휴지를 사용하여 교실 책상을 닦아 봐요.
- 내가 만든 친환경 세제로 물건이 깨끗하게 닦였나요?
- 깨끗해진 물건을 보니 어떤 느낌이 들었나요?

4장

# 자연 현상 과학 활동

## 1. 주제별 활동 내용

### 1 주제 : 날씨

1 – 날씨 주사위
2 – 날씨 가면
3 – 오늘의 날씨판
4 – 날씨에 어울리는 옷을 입어 봐요
5 – 비 만들기
6 – 바람을 볼 수 있어요
7 – 바람이 어디서 불어오나요?
8 – 번개와 천둥놀이
9 – 온도계
10 – 온도 측정하기
11 – 무지개를 그려 보아요

12 – 무지개 콜라주
13 – 여러 가지 물체로 무지개 만들기
14 – 무지개 물감
15 – 여름 배타기 출석판
16 – 나뭇잎 도장
17 – 가을 풍경 꾸미기 게시판

### 2 주제 : 물

18 – 물을 탐색해 보아요
19 – 물에 뜨는 것과 가라앉는 것
20 – 물에 녹는 것과 녹지 않는 것
21 – 물을 받고 부어 보세요
22 – 올라가는 물
23 – 쏟아지지 않는 물
24 – 배 만들어 물에 띄우기
25 – 물 그림 그리기
26 – 요술 병

### 3 주제 : 흙과 돌

27 – 흙 속, 모래 속에 있는 것을 관찰해 보세요
28 – 싹 트기에 좋은 흙
29 – 돌을 관찰해 보세요
30 – 차고 뜨거운 돌
31 – 돌을 잘게 부수어요
32 – 돌로 그림을 그려요
33 – 돌로 연주해요

### 4 주제 : 별

34 – 별은 왜 밤에만 볼 수 있을까?
35 – 별자리 상자
36 – 별의 크기를 알아봐요

## 2. 활동 과정

### 활동 1 | 날씨 주사위

**대상 연령** 만 3세

**활동 목표** 여러 가지 날씨의 특성을 안다.

**보육 과정 요소** 과학적 탐구하기〉 자연 현상 알아보기〉 날씨와 기후 변화

**준비물** 날씨 사각 주사위

**활동 방법**

1) 유아들과 날씨 사각 주사위를 살펴본다.
   - 어떤 그림이 있나요?
2) 주사위에 무슨 날씨가 있는지 살펴본다.
   - 이 그림은 어떤 날씨일까?
3) 주사위를 굴려 나온 날씨에 대해 이야기를 나눈다.
   - 해가 나는 날에 우리는 무엇을 하나요?
   - 구름이 있는 날에 우리는 무엇을 하나요?
   - 비가 오는 날에 우리는 무엇을 하나요?

## 활동 2 | 날씨 가면

**대상 연령** 만 4세

**활동 목표** 날씨의 특성을 안다.

**보육 과정 요소** 과학적 탐구하기〉 자연 현상 알아보기〉 날씨와 기후 변화

**준비물** 여러 색의 펠트지, 바늘, 실, 가위

**활동 방법**

1) 교사가 얼굴에 날씨 가면을 쓰고 유아들에게 오늘의 날씨를 물어 보면서 흥미를 끈다.
2) 유아들이 오늘의 날씨에 맞는 가면을 직접 선택하도록 하고, 얼굴에 쓰고 날씨 이야기를 해 보도록 한다.
   - 오늘은 날씨가 어떠니?
   - 오늘 날씨에 맞는 가면을 선택하여 써 보자.

## 활동 3 | 오늘의 날씨판

**대상 연령** 만 4세

**활동 목표** 오늘의 날씨를 알고, 날씨 그림과 글자를 알맞게 짝지을 수 있다.

**보육 과정 요소** 과학적 탐구하기〉 자연 현상 알아보기〉 날씨와 기후 변화

**준비물** 하드보드지, 시트지, 색지, 펠트지, 가위, 칼, 풀, 글루 건, 플라스틱 고리, 펀치

**활동 방법**

1) 날씨 게시판을 교실에 걸어 두고 유아들과 매일 아침 날씨를 알아보고, 그림 카드와 글자 카드를 알맞게 짝지어 걸어 놓는다.
   - 오늘 날씨는 어떤 날씨일까?
   - 날씨 그림과 글자 카드에서 오늘의 날씨를 찾아서 게시판에 걸어 보자.
2) 하루 중에 날씨가 바뀌는 경우에도 카드를 즉시 바꾸어 걸어 놓는다.

## 활동 4 | 날씨에 어울리는 옷을 입어 봐요

**대상 연령** 만 4세

**활동 목표** 날씨에 맞는 옷을 선택할 수 있다.

**보육 과정 요소** 과학적 탐구하기〉 자연 현상 알아보기〉 날씨와 기후 변화

**준비물** 날씨에 따른 다양한 옷차림(비옷, 털옷, 반소매, 장화, 우산, 장갑, 목도리 등)

**활동 방법**

1) 준비된 옷을 살펴본다.
2) 한 유아가 앞으로 나와 옷을 입어 본다.
3) 자신이 입은 옷이 어떤 날씨에 어울리는 옷인지 이야기해 본다.
   - 어떤 날씨에 입는 옷일까?
4) 교사가 날씨를 설명하면, 유아 중 한 명이 앞으로 나와 날씨에 맞는 옷을 선택하여 입어 본다.

- 추운 날씨에는 어떤 옷을 입나요?
- 더운 날씨에는 어떤 옷을 입나요?
- 비 오는 날씨에는 어떤 옷을 입나요?
- 눈 오는 날씨에는 어떤 옷을 입나요?
- 아주 춥고 비가 오는 날씨에는 어떤 옷을 입나요?

## 활동 5 | 비 만들기

**대상 연령** 만 5세

**활동 목표** 비가 내리는 현상에 관심을 갖는다.

**보육 과정 요소** 과학적 탐구하기〉 자연 현상 알아보기〉 날씨와 기후 변화

**준비물** 전기 냄비, 작은 프라이팬, 얼음, 물, 과학책(비는 왜 내릴까요 등의 내용)

**활동 방법**

1) 비가 어떻게 만들어지는지 알아보기로 한다.
2) 전기 냄비에 물을 한 컵 정도 넣고, 전기 코드를 꽂아 물을 끓인다.
3) 물이 끓는 동안 유아들과 비가 어떻게 해서 내리게 되는지 과학책을 보며 알아본다.
4) 물이 끓으면서 생기는 수증기를 관찰한다.
   - 이 따뜻한 공기(수증기)는 어디로 가는 것일까?
5) 작은 프라이팬에 얼음을 담고 전기 냄비 위에 댄 후 생기는 변화를 관찰한다.
6) 프라이팬 바닥에 생긴 물방울과 물방울이 떨어지는 것을 관찰한다.
   - 이 물방울은 무엇일까?
7) 교사는 비가 하늘로 올라간 따뜻한 공기와 차가운 공기가 만나서 내리는 것임을 이야기한다.

## 활동 6 | 바람을 볼 수 있어요

**대상 연령** 만 5세

**활동 목표** 공기의 움직임을 활동을 통해 볼 수 있다.

**보육 과정 요소** 과학적 탐구하기〉 자연 현상 알아보기〉 날씨와 기후 변화

**준비물** 투명한 비닐봉지, 색종이, 가위

**활동 방법**

1) 바람이 부는 날에 교사는 유아들에게 공기(바람)의 흐름을 관찰하도록 한다.
   - 요즘 날씨가 어떠니?
   - 우리는 바람을 볼 수 있을까?
2) 유아들에게 바람이 어떻게 움직이는지 알아보자고 한 다음, 색종이를 잘게 자른다.
3) 잘게 자른 색종이를 비닐봉지 안에 넣고 공기를 불어넣는다. 공기를 불어넣을 때, 색종이가 어떻게 움직이는지 관심을 가지고 관찰하도록 한다.

## 활동 7 | 바람이 어디에서 불어오나요?

**대상 연령** 만 5세

**활동 목표** 바람이 부는 방향을 관찰한다.

**보육 과정 요소** 과학적 탐구하기〉 자연 현상 알아보기〉 날씨와 기후 변화

**준비물** 플라스틱 뚜껑, 꽃 종이, 테이프, 고리, 노끈

**활동 방법**

1) 플라스틱 뚜껑 끝부분에 가늘게 자른 종이를 연결하여 간단한 바람 방향기(풍향기)를 만든다.
2) 고리를 만들어서 바깥에 걸어 둔다.
3) 바람이 불 때 종이가 움직이는 방향을 관찰한다.
   - 바람이 어디에서 불어오니?
   - 바람이 어디로 불어 가니?
4) 바람이 부는 것을 어떻게 알 수 있는지 이야기를 나눈다.

## 활동 8 | 번개와 천둥놀이

**대상 연령** 만 5세

**활동 목표** 놀이를 통해 천둥과 번개에 대해 이해한다.

**보육 과정 요소** 과학적 탐구하기〉 자연 현상 알아보기〉 날씨와 기후 변화

**준비물** 노란색 도화지, 가위, 쿠킹포일, 번개 사진

**활동 방법**

1) 유아들에게 번개 사진을 보여 주며, 번개를 본 적이 있는지 이야기를 나눈다.
2) 교사는 노란색 도화지를 번개 모양으로 오려서 코팅하거나 쿠킹포일로 싼다.
3) 유아들에게 번개에 대해 설명한다.
   - 번개는 전기의 한 종류라서 번개가 칠 때는 가까이 가면 안 된단다.
   - 번개는 키 높은 건물이나 키 큰 나무에 잘 내린단다. 만약 너희들이 천둥치고 번개칠 때 밖에 있으면, 몸을 낮게 엎드려야 한단다.
4) 교사는 실외에 나가 번개와 천둥놀이를 해 보자고 한다.
5) 번개가 될 유아를 한 명 정한 후, 준비된 번개를 주고 한 손으로 잡게 한다.
6) 다른 유아들은 번개가 된 유아를 중심으로 둥글게 원으로 선다.
7) 번개가 된 유아가 한 친구에게 뛰어가며 '번개다.'라고 소리치면 그 주위에 있는 유아들이 재빨리 몸을 낮게 엎드리는 놀이임을 설명한다.
8) 역할을 바꾸어서 활동해 본다.
9) 놀이할 때 천둥소리 효과음을 이용하면 유아들이 더욱 흥미 있어 한다.

## 활동 9 | 온도계

**대상 연령** 만 5세

**활동 목표** 온도계가 기온을 측정하는 도구임을 안다.

**보육 과정 요소** 과학적 탐구하기〉 자연 현상 알아보기〉 날씨와 기후 변화

**준비물** 온도계 2개, 따뜻한 물, 얼음 조각, 종이 수건

**활동 방법**

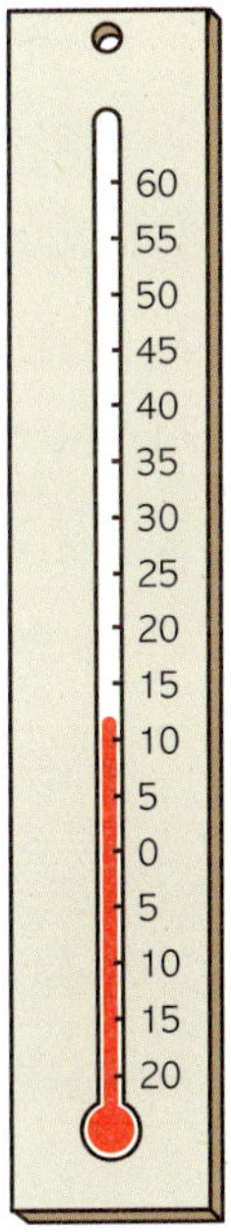


1) 유아들에게 온도계를 보여 주며 다음과 같이 질문한다.
   - 이것의 이름이 뭔지 아니?
   - 어디에 사용하는 걸까?
   - 여기에 있는 빨간 선은 무엇을 나타낼까?
2) 온도계 두 개 중 한 개는 따뜻한 물이 담겨진 컵을 준비하여 꽂고, 다른 하나는 그냥 놔둔다.
   - 어떤 온도계의 눈금이 더 높이 올라갈까?
3) 따뜻한 물이 담겨진 컵에 얼음 조각을 넣은 후 온도계의 변화를 관찰한다.
   - 얼음 조각이 어떻게 될까?
   - 얼음이 다 녹은 후 따뜻한 물의 느낌은 어떻게 달라졌을까?
   - 처음보다 차갑게 느껴지는 것을 어떻게 알 수 있을까?
   (손으로 만져 보거나, 온도계를 이용하여 측정할 수 있다고 설명한다.)
4) 교사는 유아들에게 온도계가 공기의 따뜻하고 차가운 정도를 알 수 있는 기온을 측정하는 도구임을 이야기한다.

## 활동 10 | 온도 측정하기

**대상 연령** 만 5세

**활동 목표** 온도를 측정해 보는 경험을 한다.

**보육 과정 요소** 과학적 탐구하기〉 자연 현상 알아보기〉 날씨와 기후 변화

**준비물** 온도계, 색 테이프(빨간색, 파란색, 노란색, 초록색), 얼음이 담긴 컵

### 활동 방법

1) 온도계를 보여 주며 이름과 용도를 알아본다.
2) 온도계의 눈금을 자세히 살펴보고 수은주가 가리키는 곳의 숫자를 읽은 후, 색 테이프(빨간색)를 감아 표시한다.
3) 얼음이 담긴 컵을 보여 주며, 유아들이 직접 손으로 만져 보고 느낌을 말해 보도록 한다. 온도계를 컵 속에 넣는다.
   - 얼음을 만져 보니 어떠니?
   - 차가우면 온도계의 눈금이 어떻게 변할까?
4) 시간(5분 정도)이 지난 후에 온도계를 꺼내어 눈금을 확인하고, 색 테이프(파란색)를 온도계에 감아 표시한다.
   - 수은주가 어떻게 되었니?
   - 아까 교실의 온도를 재었을 때와 어떻게 다르니?

5) 유아들과 교실 밖의 온도에 대해 이야기를 나눈다.
   - 바깥 날씨는 어떠니?
   - 어느 곳의 기온이 더 낮을까?
   - 어디에 있을 때 더 춥니?
   - 어느 곳이 더 따뜻하니?
6) 온도계를 교실 밖의 어느 지점에 놓을지 의논한 후 종이를 깔고 잘 놓아둔다.
7) 시간(15~20분 정도)이 지난 후 바깥에 놓아 둔 온도계의 눈금을 확인하고, 색 테이프(초록색)를 감는다.
   - 수은주가 어디에 있니?
   - 우리가 예측한 것과 비슷하니?
   - 우리가 예측한 것과 다르면, 어떻게 다르니?
8) 유아들과 여러 상황에서 온도를 측정해 보고 이야기를 나눈다.

   예) 냉장실의 온도<br>
   냉동실의 온도<br>
   수돗물의 온도<br>
   따뜻한 물의 온도<br>
   나의 체온

## 활동 11 | 무지개를 그려 보아요

**대상 연령** 만 5세

**활동 목표** 무지개를 구성하는 일곱 가지 색을 안다.

**보육 과정 요소** 과학적 탐구하기〉 자연 현상 알아보기〉 날씨와 기후 변화

**준비물** 무지개 색깔의 크레용(빨간색, 주황색, 노란색, 초록색, 파란색, 남색, 보라색), 흰 도화지, 무지개 사진

**활동 방법**

1) 준비된 크레용을 살펴보고, 무지개 색깔임을 안다.

2) 교사가 무지개 사진을 보여 주고 벽면에 게시해 준다.

- 무지개에 어떤 색깔이 있나요?

3) 도화지에 크레용으로 무지개를 그려 본다. 유아들이 원한다면 일곱 가지 색의 크레용으로 모양을 마음대로 그리게 한다.

- 일곱 가지 색을 가지고 무지개를 그려 보자.

4) 유아들이 그린 것을 벽면이나 게시판에 무지개 모양으로 전시한다.

## 활동 12 | 무지개 콜라주

**대상 연령** 만 5세

**활동 목표** 무지개를 구성하는 일곱 가지 색을 안다.

**보육 과정 요소** 과학적 탐구하기〉 자연 현상 알아보기〉 날씨와 기후 변화

**준비물** 전지, 다양한 종이 자료(색종이, 포장지, 잡지 등), 풀, 가위, 크레파스, 유성 매직

**활동 방법**

1) 전지에 매직으로 무지개 모양을 그린다.
2) 유아들과 무지개의 색깔에 대해 알아보고, 각 칸을 해당되는 색의 크레파스로 칠한다.
3) 준비된 포장지, 잡지를 이용하여 무지개 색에 맞는 부분을 오려 풀로 붙인다.
4) 유아들이 만든 무지개를 보며 이야기를 나눈다.
   - 우리가 만든 무지개에는 어떤 색들이 있니?
   - 우리가 만든 무지개에 이름을 붙여 보자.

## 활동 13 | 여러 가지 물체로 무지개 만들기

**대상 연령** 만 5세

**활동 목표** 무지개를 구성하는 일곱 가지 색을 안다.

**보육 과정 요소** 과학적 탐구하기〉 자연 현상 알아보기〉 날씨와 기후 변화

**준비물** 교실에 있는 다양한 색의 물체(놀잇감)

**활동 방법**

1) 유아들에게 교실 바닥에다 놀잇감으로 무지개를 만들어 보자고 이야기한다.
2) 교실을 다니면서 놀잇감 중에서 빨간색 물건을 찾아 일렬로 늘어놓는다.
3) 놀잇감 중에서 주황색 물체를 찾아 빨간색 아래에 놓는다.
4) 노란색, 초록색, 파란색, 남색, 보라색 등의 물건을 차례대로 놀잇감에서 찾아 놓는다.
5) 친구들과 놀잇감으로 만든 무지개를 보고 느낌을 이야기한다.
6) 입고 있는 옷이나 신발, 가방을 가지고 무지개를 만들어 본다.
7) 교사는 미리 교실 안에 무지개 색 물건들이 많이 있도록 준비해 두어야 한다.

## 활동 14 | 무지개 물감

**대상 연령** 만 5세

**활동 목표** 무지개를 구성하는 일곱 가지 색을 안다.

**보육 과정 요소** 과학적 탐구하기〉 자연 현상 알아보기〉 날씨와 기후 변화

**준비물** 무지개 색깔의 물감(빨간색, 주황색, 노란색, 초록색, 파란색, 남색, 보라색), 병

**활동 방법**

1) 일곱 개의 병과 무지개 색의 물감들을 준비한다.
2) 각각의 병에 한 가지씩 물감을 타서 넣고, 색의 이름을 써서 붙인 후 창틀에 놓아둔다.
3) 햇빛이 비칠 때 무지개 색의 물감을 관찰한다.
   - 햇빛 안에 어떤 색이 보이니?
4) 교사는 햇빛만 보면 아무 색도 보이지 않지만 햇빛이 물방울에 부딪치면 일곱 가지 색으로 나누어진다고 설명한다.

## 활동 15 | 여름 배타기 출석판

**대상 연령** 만 3세

**활동 목표** 자신이 왔음을 알리고 반 친구들의 얼굴을 익힐 수 있다.
날씨의 특성을 알아본다.

**보육 과정 요소** 과학적 탐구하기〉 자연 현상 알아보기〉 날씨와 기후 변화

**준비물** 하드보드지, 펠트지, 글루 건, 가위, 찍찍이

### 만드는 방법

• 여름 배타기 출석판

1) 펠트지로 원하는 모양을 재단한다.
2) 글루 건을 사용해 재단된 펠트지를 하드보드지 위에 붙이며 배를 꾸민다.
3) 유아들의 얼굴 사진을 프린트해서 코팅한다.
4) 유아들의 얼굴 사진을 붙일 수 있도록 찍찍이를 붙인다.

### 활동 방법

1) 여름 배타기 출석판을 소개한다.
    • 여름이 왔어요. 여름에 시원한 바다에서 우리 친구들이 배를 타요.
2) 유아들이 등원하면서 자기의 얼굴 스티커를 바다에서 배 위로 붙인다.
3) 자신의 얼굴 스티커를 붙이면서 어떤 친구들이 왔는지 살펴본다.
    • 누가 누가 왔나요? 오늘 누가 오지 않았나요?

## 활동 16 | 나뭇잎 도장

**대상 연령** 만 3세

**활동 목표** 나뭇잎 도장을 이용하여 그림을 그려 본다.

**보육 과정 요소** 과학적 탐구하기〉 자연 현상 알아보기〉 날씨와 기후 변화

**준비물** 나뭇잎 도장(스탬프), 도화지

**활동 방법**

1) 나뭇잎 도장을 탐색한다.
   - 나뭇잎 모양을 살펴보고, 스탬프에 잉크를 묻혀 도화지에 찍어 보자.
2) 나뭇잎 도장을 이용하여 여러 가지 모양의 도화지에 도장을 찍고, 꾸며 본다.
3) 이야기 나누기 시간에 친구들에게 자신이 만든 도장 그림을 소개한다.
   - 자기가 만든 나뭇잎 도장 그림을 친구들에게 보여 주고, 어떻게 만들었는지 이야기해 보자.

## 활동 17 | 가을 풍경 꾸미기 게시판

**대상 연령** 만 5세

**활동 목표** 유아들이 계절의 변화에 대해 관심을 갖는다.

**보육 과정 요소** 과학적 탐구하기〉 자연 현상 알아보기〉 날씨와 기후 변화

**준비물** 가을 배경판, 가을을 표현하는 그림 카드와 사물 인형(나무, 코스모스, 해, 은행잎, 감, 참새, 잠자리, 허수아비 등)

**활동 방법**

1) 가을 배경판을 벽면에 게시한다.
2) 유아들이 배경판 풍경과 감, 참새, 잠자리, 허수아비 인형을 탐색하게 한다.
3) 유아들이 자유롭게 배경판 위에 감, 참새, 잠자리, 허수아비 인형을 붙인다.
4) 배경판에 인형을 붙이며 놀고 있을 때, 인형들이 무엇을 하고 있는지 어떤 말을 하는지 유아들에게 물어본다.
   - 나무 위의 감은 우리에게 무슨 말을 하고 있을까?
   - 참새와 잠자리는 날아다니며 우리에게 무슨 말을 하고 있을까?
   - 허수아비 아저씨는 무슨 생각을 하고 있을까?

## 활동 18 | 물을 탐색해 보아요

**대상 연령** 만 4세

**활동 목표** 여러 가지 상태의 물을 탐색해 본다.

**보육 과정 요소** 과학적 탐구하기〉 자연 현상 알아보기〉 돌, 물, 흙

**준비물** 네모난 용기 5개, 찬물, 따뜻한 물, 얼음, 비누 거품, 물감

**활동 방법**

1) 네모난 용기에 찬물, 따뜻한 물, 비누 거품 물, 물감을 섞은 물, 얼음물을 각각 준비한다.
2) 유아들에게 여러 가지 물에서 놀이할 수 있게 한다. 각각의 물을 관찰하고 직접 손을 넣어 본다.
   - 이 물에 손을 넣어 보니 어떤 느낌이 드니?
3) 유아들이 다양한 물을 만져 보고 느낀 점을 표현해 보게 한다.
   - 두 개의 물에 양손을 넣으면 어떤 느낌이 드니?

₩3,000
WATER
COLOR
수채화물감 12색
12ml

## 활동 19 | 물에 뜨는 것과 가라앉는 것

**대상 연령** 만 4세

**활동 목표** 물에 뜨는 것, 가라앉는 것을 분류한다.

**보육 과정 요소** 과학적 탐구하기〉 자연 현상 알아보기〉 돌, 물, 흙

**준비물** 물에 뜨는 것(코르크 조각, 나무 조각, 스폰지, 플라스틱 장난감 배), 물에 가라앉는 것(구슬, 금속 장난감 자동차, 돌), 큰 용기, 물, 작은 접시 2개

**활동 방법**

1) 준비된 자료를 살펴본다.
2) 큰 용기에 물을 담고, 각각의 자료가 물에 뜰지 가라앉을지 예측해 본다.
3) 직접 물에 물건을 넣어 보고, 뜨는 물건과 가라앉는 물건을 분류해 바구니에 담아 놓는다.
   - 물에 뜨는 물건들은 어떤 것들이 있니?
   - 물에 가라앉는 물건들은 어떤 것들이 있니?
   - 이것들은 왜 물에 뜨는 걸까?
   - 이것들은 왜 물에 가라앉는 걸까?

Cinderella

## 활동 20 | 물에 녹는 것과 녹지 않는 것

**대상 연령** 만 4세

**활동 목표** 물에 녹는 것, 녹지 않는 것을 분류한다.

**보육 과정 요소** 과학적 탐구하기〉 자연 현상 알아보기〉 돌, 물, 흙

**준비물** 투명한 플라스틱 컵, 나무젓가락, 여러 가지 물질(소금, 설탕, 모래, 깨소금, 후춧가루, 카레 가루), 작은 숟가락

**활동 방법**

1) 준비된 여러 가지 물질을 살펴본다.
   - 색깔이 어떠니?
   - 만졌을 때 느낌은 어떠니?
   - 어떤 냄새가 나니?
   - 이름이 무엇이니?
2) 투명한 컵에 물을 반 정도 따른다.
3) 각각의 물질을 넣고 어떻게 될지 예측해 본다.
   - 물에 녹을까?
   - 물에 녹지 않을까?
4) 물에 넣고 저으며 변화를 관찰한다.
   - 소금(설탕, 모래, 깨소금, 후춧가루, 카레 가루)이 어떻게 되었니?
   - 소금이 어디로 갔을까?

5) 주변에 있는 다른 물질도 넣고 녹여 본다.

- 다른 물질을 넣고 계속 저어 보자. 어떻게 되었니?
- 그대로 있는 물질은 어떤 것이 있니?
- 왜 그대로 있을까?

6) 물에 녹는 물질과 녹지 않는 물질을 실험한 후 분류표에 표시한다.

- 분류표 – 무엇이 물에 녹을까요?

| 실험 물질 | 녹는다 ( O ) | 녹지 않는다 ( X ) |
|---|---|---|
| 소 금 | | |
| 설 탕 | | |
| 모 래 | | |
| 깨 소 금 | | |
| 후추 가루 | | |
| 카레 가루 | | |

## 활동 21 | 물을 받고 부어 보세요

**대상 연령** 만 4세

**활동 목표** 물을 붓고 따르는 경험을 통해 물의 성질을 안다.

**보육 과정 요소** 과학적 탐구하기〉 자연 현상 알아보기〉 돌, 물, 흙

**준비물** 입구의 크기가 다양한 플라스틱 용기들(우유 통, 요구르트 통, 샴프 통, 식염수 통 등), 깔때기, 호스, 물놀이대 또는 아기 욕조, 비닐 앞치마

**활동 방법**

1) 비닐 앞치마를 입고 준비된 자료를 살펴본다.
2) 용기를 하나 선택하여 물을 담아 본다. 이때 용기의 입구가 크고 작음에 따라 물이 담기는 정도가 다름을 살펴본다.
3) 물이 잘 들어가는 용기와 잘 들어가지 않는 용기가 어떤 것인지 살펴본 후 분류해 본다.
4) 채워진 물을 쏟아 본다. 이때 용기의 입구가 크고 작음, 거꾸로 들 때의 각도에 따라 물이 쏟아지는 모습과 소리가 다름을 살펴본다.
5) 깔때기와 호스를 이용하여 물을 담아 보고 부어 본다.

## 활동 22 | 올라가는 물

**대상 연령** 만 4세

**활동 목표** 여러 물건이 물을 흡수하는 모습을 관찰한다.

**보육 과정 요소** 과학적 탐구하기〉 자연 현상 알아보기〉 돌, 물, 흙

**준비물** 물, 식용 색소, 컵이나 넓은 용기, 종이 타월, 한지, 티슈, 냅킨

**활동 방법**

1) 준비된 한지, 티슈, 냅킨을 각각 만져 보고 느낌을 이야기해 본다.
2) 세 가지 종이류를 물에 넣었을 때, 어떤 변화가 일어날지 예측해 본다.
3) 넓은 용기에 물을 붓고 식용 색소를 넣는다.
4) 한지, 티슈, 냅킨을 말아서 기둥처럼 만든 후 동시에 색깔 물이 든 용기에 집어 넣는다. 이때, 종이 기둥들이 용기의 밑바닥에 닿게 한다.
5) 종이에 어떤 변화가 일어나고 있는지 관찰해 본다.
   - 어느 종이가 물을 가장 잘 흡수할까?
   - 왜 이 종이가 물을 가장 잘 흡수하는 걸까?

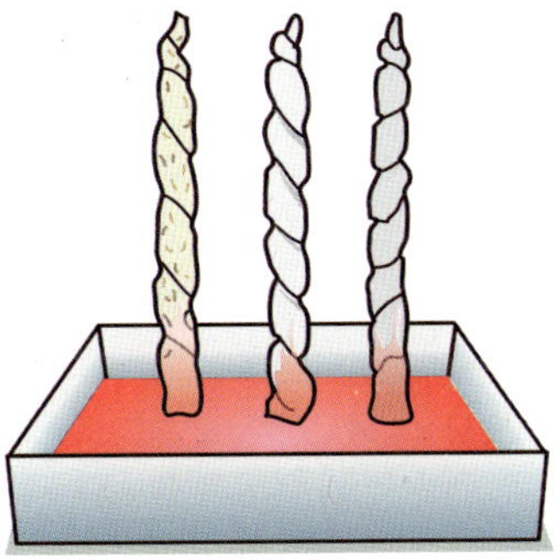

## 활동 23 | 쏟아지지 않는 물

**대상 연령** 만 4세

**활동 목표** 물은 서로 잡아당기는 힘이 있음을 안다.

**보육 과정 요소** 과학적 탐구하기〉 자연 현상 알아보기〉 돌, 물, 흙

**준비물** 컵, 물, 도화지, 양동이

**활동 방법**

1) 컵에 물을 가득 채우고 도화지로 덮는다.
2) 종이 위를 손바닥으로 눌러 종이와 물 사이에 공기가 없도록 한다.
3) 그릇을 준비해 놓고 컵을 거꾸로 하면서 손바닥을 뗀다.
   - 어떤 일이 일어날까?
   - 종이가 어떻게 될까?
   - 물이 쏟아질까?
4) 거꾸로 한 컵과 종이를 책상 위에 올려놓고, 종이를 잡아 뽑는다.
   - 물은 어떻게 될까?
   - 왜 물이 쏟아지지 않을까?
5) 컵을 책상 가장자리까지 끌고 온 다음, 물을 양동이에 받는다.

## 활동 24 | 배 만들어 물에 띄우기

**대상 연령** 만 4세

**활동 목표** 물에 뜨고 가라앉는 것이 있음을 안다.

**보육 과정 요소** 과학적 탐구하기〉 자연 현상 알아보기〉 돌, 물, 흙

**준비물** 우유갑, 빨대, 병뚜껑, 아이스크림 막대, 스티로폼, 큰 물그릇, 가위, 테이프

**활동 방법**

1) 여러 가지 물체를 물에 띄워 본다.
2) 물에 뜨는 것을 이용해 배를 만들어 보기로 한다.
   - 어느 것으로 배를 만들어 볼까?
3) 물에 젖어도 무관한 여러 가지 재료(우유갑, 빨대, 병뚜껑, 아이스크림 막대, 스티로폼 등)로 배를 꾸민다.
4) 만든 배를 큰 물그릇 또는 욕조의 물에 띄워 본다.
5) 배를 움직일 수 있는 방법을 생각하고 움직여 본다.
   - 손가락으로 밀어 보자.
   - 빨대를 이용해 입으로 불어서 움직여 보자.
   - 물을 휘저어 움직여 보자.

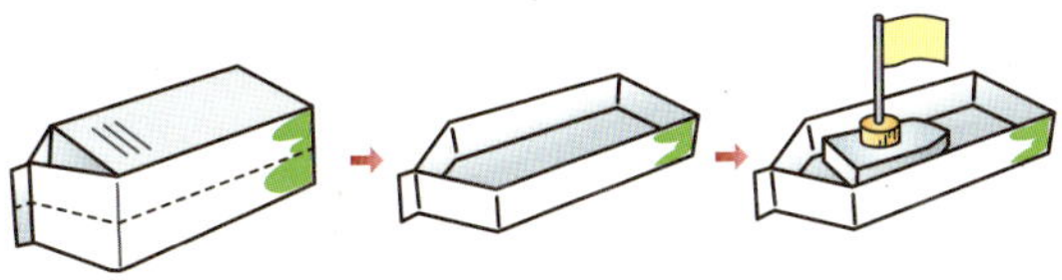

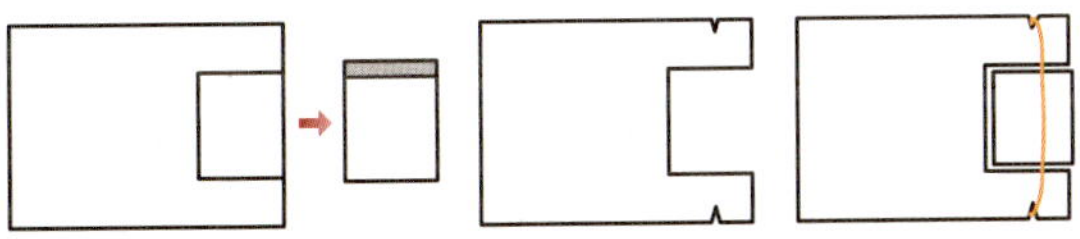

## 활동 25 | 물 그림 그리기

**대상 연령** 만 4세

**활동 목표** 물은 공기 속에서 증발함을 안다.

**보육 과정 요소** 과학적 탐구하기〉 자연 현상 알아보기〉 돌, 물, 흙

**준비물** 물통, 여러 종류의 페인트 붓, 벽면

**활동 방법**

1) 햇빛이 있는 날 실외에 나가서 활동한다.
2) 벽면에 물 그림 그리는 것에 대해 이야기를 나눈다.
   - 벽에 물로 그림을 그리면 어떻게 될까?
3) 유아들이 붓을 물에 적셔 벽면에 그림을 그리거나 글씨를 써 보도록 한다.
   - 무엇을 그렸니?
   - 벽에 그린 그림이 어떻게 될까?
4) 벽면이 마른 후에 유아와 함께 살펴보고 이야기한다.
   - 네가 그린 그림이 어디로 갔니?

## 활동 26 | 요술 병

**대상 연령** 만 4세

**활동 목표** 뜨거운 물은 위로, 찬물은 아래로 이동함을 안다.

**보육 과정 요소** 과학적 탐구하기〉 자연 현상 알아보기〉 돌, 물, 흙

**준비물** 같은 크기의 유리병 2개, 찬물, 뜨거운 물, 물감, 종이

**활동 방법**

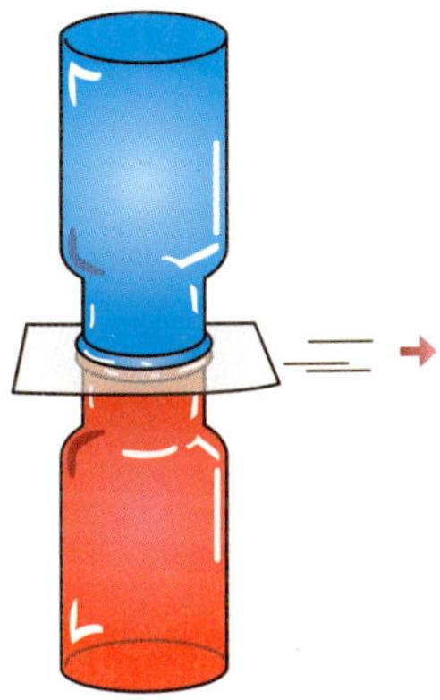

1) 실험하기 전에 뜨거운 물과 찬물을 준비한다.
2) 뜨거운 물에는 빨간색 물감을 풀고, 찬물에는 파란색 물감을 푼다.
3) 뜨거운 물과 찬물을 각각의 유리병에 넣는다.
4) 찬물의 병 위에 종이를 올려 놓는다.
5) 종이를 덮은 찬물 병을 거꾸로 하여, 더운 병 위에 올려놓는다.
6) 그 상태에서 가운데 낀 종이를 뺀다.
7) 한 몇 분 동안 관찰하면서 변화가 멈출 때까지 기다린다.
   - 병 안의 물이 어떻게 되었니?
   - 왜 물이 섞이게 되었을까?
8) 찬물과 뜨거운 물의 위치를 반대로 바꾸어서 반복해 본다.
   - 병 안의 물이 어떻게 되었니?
   - 왜 물이 섞이지 않았을까?

## 활동 27 | 흙 속, 모래 속에 있는 것을 관찰해 보세요

**대상 연령** 만 4세

**활동 목표** 흙의 모양, 특성을 이해한다.

**보육 과정 요소** 과학적 탐구하기〉 자연 현상 알아보기〉 돌, 물, 흙

**준비물** 숲속의 흙, 하천의 모래, 큰 쟁반, 돋보기, 접시

**활동 방법**

1) 유아들과 숲속의 흙이 담긴 큰 쟁반을 관찰한다.
   - 이 흙은 어디에서 가져 왔을까?
   - 이 흙을 만져 보자. 냄새를 맡아 보자.
   - 이 흙 속에 무엇이 있을까? 돋보기로 찾아보자.
2) 흙 속에서 찾아낸 것들을 접시에 담아서 돋보기로 관찰한다.
   - 흙 속에서 무엇이 나왔니?
   - 이것은 왜 흙 속에 섞여 있었을까?
3) 유아들과 하천 모래가 담긴 큰 쟁반을 관찰한다.
   - 이 모래는 어디에서 가져 왔을까?
   - 이 모래를 만져 보자. 냄새를 맡아 보자.
   - 이 모래 속에는 무엇이 있을까? 돋보기로 찾아보자.

4) 모래 속에서 찾아낸 것들을 접시에 담아서 돋보기로 관찰한다.

- 모래 속에서 무엇이 나왔니?
- 이것은 왜  모래 속에 섞여 있었을까?

5) 흙 속과 모래 속에서 나온 물건들의 사진을 찍어 전시한다.

## 활동 28 | 싹 트기에 좋은 흙

**대상 연령** 만 5세

**활동 목표** 흙의 모양, 특성을 이해한다.

**보육 과정 요소** 과학적 탐구하기〉 자연 현상 알아보기〉 돌, 물, 흙

**준비물** 화분 3개, 3종류의 흙(모래, 진흙, 배양토), 씨앗

**활동 방법**

1) 유아들과 모래, 진흙, 배양토를 차례로 관찰한다.
   - 세 가지 종류의 흙을 만져 보고, 냄새를 맡아 보자.
2) 세 개의 화분에 모래, 진흙, 배양토를 각각 담고 화분마다 해당하는 이름을 써서 붙인다.
3) 세 개의 화분에 씨앗을 심어 물을 주고 창가에 나란히 놓는다.
4) 어느 흙에서 씨앗이 제일 잘 자랄지 예측해 본다.
   - 어느 흙에서 씨앗이 제일 잘 자랄까?
   - 왜 그렇게 생각했니?
5) 세 개의 화분에 새싹이 자라난 후에, 씨앗이 잘 자라는 흙이 어느 흙인지 비교해 본다.
   - 어느 화분의 흙에서 새싹이 제일 잘 자랐니?
   - 배양토 화분에서 쌔싹이 잘 자라난 이유는 무엇일까?

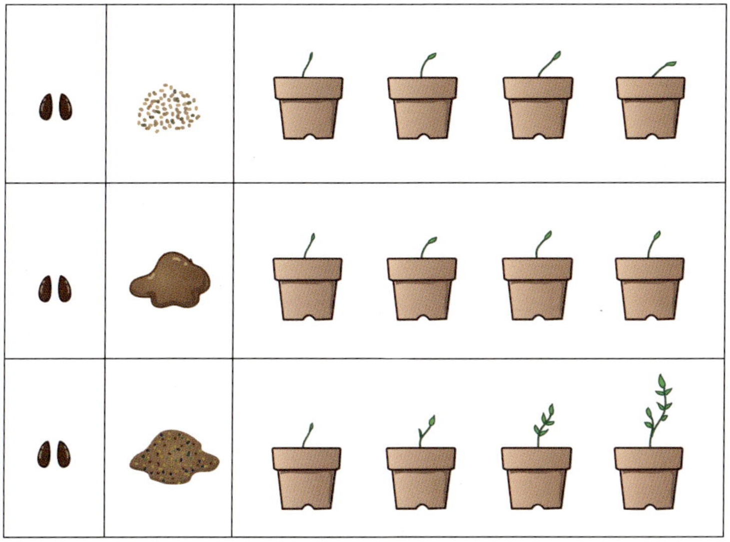

## 활동 29 | 돌을 관찰해 보세요

**대상 연령** 만 4세

**활동 목표** 여러 가지 돌의 모양, 특성을 이해한다.

**보육 과정 요소** 과학적 탐구하기〉 자연 현상 알아보기〉 돌, 물, 흙

**준비물** 유아들이 수집한 다양한 돌, 돋보기, 신문지

**활동 방법**

1) 유아들과 걸어서 산책을 하며 다양한 돌을 모아 본다.
2) 교실에 가지고 와서 장판이나 신문지를 깐 책상 위에 올려놓는다.
3) 유아들이 기존에 알고 있던 것과 다른 돌을 찾아보고, 돋보기로 자세히 관찰한다.
4) 돌을 자세히 보고 냄새, 느낌, 색깔을 살펴본다.
5) 유아들이 관찰한 것을 말로 표현해 보게 한다.
6) 돌의 재질이 비슷한 것끼리 나누어 보고, 돌을 크기에 따라 나열해 본다.

## 활동 30 | 차고 뜨거운 돌

**대상 연령** 만 4세

**활동 목표** 돌의 특성을 이해한다.

**보육 과정 요소** 과학적 탐구하기〉 자연 현상 알아보기〉 돌, 물, 흙

**준비물** 돌

**활동 방법**

1) 교사는 유아들에게 돌은 열을 매우 빨리 흡수하기도 하고, 빨리 잃기도 한다고 설명한 후 실험해 보자고 한다.
2) 햇빛이 드는 창문턱에 돌을 갖다 놓은 후 조금 시간이 지난 후 만져 본다.
   - 돌의 느낌이 어떠니?
   - 처음 돌의 느낌과 어떻게 다르니?
3) 돌을 차갑게 하려면 어떻게 해야 할지 알아본다.
   - 냉장고에 넣어요.
   - 얼음 속에 넣어요.
   - 추운 겨울에 밖에 내 놓아요.
4) 돌을 차갑게 한 후 돌의 표면을 만져 본다.
   - 돌의 느낌이 어떠니?
   - 처음 돌의 느낌과 어떻게 다르니?

## 활동 31 | 돌을 잘게 부수어요

**대상 연령** 만 5세

**활동 목표** 돌의 모양과 느낌, 특성을 알 수 있다.

**보육 과정 요소** 과학적 탐구하기〉 자연 현상 알아보기〉 돌, 물, 흙

**준비물** 수집한 돌, 신문지, 큰 종이 가방, 망치, 빈 달걀 상자

**활동 방법**

1) 유아들과 수집한 돌의 특징, 느낌, 색깔 등을 알아본다.
2) 돌을 종이 가방에 넣고 가방 위, 아래에 신문지를 깔아 놓는다.
3) 유아들에게 종이 가방에 있는 돌을 망치로 치면 어떻게 될지 예측하게 한다.
   - 돌이 어떻게 될까?
4) 직접 실험해 본다.
   - 깨진 돌 조각의 색깔이 어떠니?
   - 돌의 겉면의 색깔과 어떻게 다르니?
   - 깨진 돌 조각을 만져 보자. 느낌이 어떠니?
   - 깨진 돌 조각을 더 작게 만들려면 어떻게 할 수 있을까?
5) 깨진 돌 조각을 크기에 따라 분류해 빈 달걀 상자에 나누어 담아 본다. 또는 유아들이 분류 기준을 정해 모아 보도록 한다.
   - 둥근 것, 기다란 것, 날카로운 것 등 돌 조각을 분류해 보자.

## 활동 32 | 돌로 그림을 그려요

**대상 연령** 만 5세

**활동 목표** 돌을 이용하여 그림을 그려 본다.

**보육 과정 요소** 과학적 탐구하기〉 자연 현상 알아보기〉 돌, 물, 흙

**준비물** 다양한 크기와 모양의 돌, 종이 타월, 물감, 도화지(2절 크기), 넓적한 그릇

**활동 방법**

1) 종이 타월을 넓적한 그릇에 펼쳐 놓은 후 물감을 쏟아 물감 패드를 만든다.
2) 다양한 모양과 크기의 돌에 물감을 묻혀 도화지에 찍는다.
3) 돌로 그린 그림을 관찰한다.
   - 돌로 그림을 그리면서 어려운 점은 무엇이었니?
   - 돌로 그린 그림을 보니, 어떤 느낌이 드니?

## 활동 33 | 돌로 연주해요

**대상 연령** 만 5세

**활동 목표** 돌의 특성을 이해한다.

**보육 과정 요소** 과학적 탐구하기〉 자연 현상 알아보기〉 돌, 물, 흙

**준비물** 유아가 손에 잡기 적당한 크기의 돌

**활동 방법**

1) 각각의 유아가 소리를 낼 수 있는 두 개의 돌을 나누어 갖는다.
2) 돌로 소리를 낼 수 있는 방법을 알아본다.
3) 아는 노래를 부르며 돌로 연주를 해 본다.
   - 돌로 연주를 하니 어떤 느낌이 드니?
4) 돌끼리 이외에도 돌과 깡통, 돌과 나무 막대, 돌과 요구르트 병 등 돌과 다른 물건을 부딪쳐서 소리를 만들어 본다.

## 활동 34 | 별은 왜 밤에만 볼 수 있을까?

**대상 연령** 만 5세

**활동 목표** 별이 왜 밤에만 보이는지 이유를 안다.

**보육 과정 요소** 과학적 탐구하기〉 자연 현상 알아보기〉 별

**준비물** 손전등 2~3개

**활동 방법**

1) 유아들과 별을 본 경험을 이야기한다.
   - 왜 별은 밤에만 볼 수 있을까?
2) 이러한 이유를 실험을 통해 알아보자고 한다.
3) 두세 명의 유아를 친구들로부터 멀리 떨어져 서게 한 후, 그들에게 각각 손전등을 주고 불을 켜게 한다.
4) 다른 유아들에게 손전등의 불빛을 보려면 어떻게 해야 할지 물어 본다.
5) 점진적으로 방안을 어둡게 한다.
   - 손전등에서 나오는 빛이 어떻게 되었니?
   - 불빛을 더 보기 쉽게 되었니? 아니면 더 어렵게 되었니?
6) 교사는 유아들에게 교실이 밝을 때 손전등의 빛을 잘 볼 수 없었던 것처럼 태양이 비치고 있을 때는 별빛을 잘 볼 수 없음을 설명한다.

## 활동 35 | 별자리 상자

**대상 연령** 만 5세

**활동 목표** 별과 별자리에 관심을 갖는다.

**보육 과정 요소** 과학적 탐구하기〉 자연 현상 알아보기〉 별

**준비물** 별자리 상자, 별자리 그림 카드, 별자리 책, 색 셀로판지

### 만드는 방법

• 별자리 상자와 별자리 그림 카드

1) 우드락과 하드보드지로 별자리 상자(망원경)의 몸체를 만든다. 한 부분은 관찰하는 공간으로 동그란 휴지심을 끼워 만든다.
2) 윗부분에 카드를 넣을 수 있는 긴 구멍을 만든다.
3) 별자리 그림 카드를 만든다.
   ① 하드보드지를 자른다.
   ② 별자리 그림을 왼쪽 1cm를 제외하고 붙인다.
   ③ 우측이나 좌측 상단에 그림이 최대한 가려지지 않도록 이름을 붙인다.
   ④ 시트지로 싸고, 모서리는 둥글게 잘라 준다.

### 활동 방법

1) 준비된 자료를 살펴본다.
2) 원하는 별자리 그림 카드를 선택하여 별자리 상자에 끼운다.
3) 별자리 상자에 눈을 대고 빛이 있는 곳을 향하게 한 후 본다.
4) 별자리 모양에 대해 말해 본다.
5) 별자리 그림 카드를 뽑고 다른 별자리 카드를 상자에 끼우고, 다시 별자리를 관찰한다.

## 활동36 | 별의 크기를 알아봐요

**대상 연령** 만 5세

**활동 목표** 별들이 크기가 다르다는 것을 안다.

**보육 과정 요소** 과학적 탐구하기〉 자연 현상 알아보기〉 별

**준비물** 태양계 화보 자료, 태양계 별들 카드, 태양계 관련 도서

**활동 방법**

1) 화보 자료를 보여 주며, 태양을 도는 별들에 대해 알아보자고 이야기한다.
   - 이것은 무슨 별일까? 이것은 수성이라는 별이야. 별의 크기는 어떠하니?
   - 이것은 무슨 별일까? 이것은 금성이라는 별이야. 별의 크기는 어떠하니?
   - 이것은 무슨 별일까? 이것은 지구라는 별이야. 별의 크기는 어떠하니?
   - 이것은 무슨 별일까? 이것은 화성이라는 별이야. 별의 크기는 어떠하니?
   - 이것은 무슨 별일까? 이것은 목성이라는 별이야. 별의 크기는 어떠하니?
   - 이것은 무슨 별일까? 이것은 토성이라는 별이야. 별의 크기는 어떠하니?
   - 이것은 무슨 별일까? 이것은 천왕성이라는 별이야. 별의 크기는 어떠하니?
   - 이것은 무슨 별일까? 이것은 해왕성이라는 별이야. 별의 크기는 어떠하니?
2) 백과사전이나 책을 보며, 별들을 태양에 가까운 순서대로 놓아 본다.
3) 태양과 각 별들의 특성 및 크기를 알아본다.
4) 가장 큰 별에서부터 작은 별까지 차례대로 놓아 본다.

# 참고 문헌


교육과학기술부(2012). 3~5세 연령별 누리과정 해설서. 서울: 교육과학기술부.

김현경, 김경희, 정재은, 김윤자(2014). 유아과학교육. 서울: 학지사.

문연심, 이봉자(2013). 아동 수·과학지도. 서울: 양서원.

박정민, 박미경(2016). 아동수학교육. 서울: 창지사.

박정민, 유연화(1999). 유아과학교육. 서울: 창지사.

박정민, 황환옥, 박미경(2014). 영유아 교수학습방법. 서울: 파란마음.

보건복지부(2013). 어린이집 표준보육과정 해설서. 서울: 중앙보육정보센터.

신은수, 안경숙, 김은정, 안부금(2006). 생활과 환경중심의 영유아 과학교육. 서울: 양서원.

안경숙(1991). 전통적 과학교수방법과 지적 갈등 유도의 과학교수방법의 효과 연구. 덕성여자대학교 대학원 석사 논문.

유연화, 임경애, 최현정(2015). 유아과학교육. 서울: 공동체.

윤애희, 박정민(2009). 영유아교육 교수방법 및 교재교구. 서울: 파란마음.

이경민(2000). 상호작용적 교수법에 의한 과학교육이 유아의 과학적 개념, 탐구, 능력, 태도에 미치는 효과. 중앙대학교 대학원 박사학위 논문.

이경우, 이정환(1984). 유아를 위한 과학교육. 서울: 창지사.

이정환, 박은혜(2008). 유아 관찰 워크북. 서울: 아이코리아.

이민정, 이연승, 전지형, 강민정, 이혜경, 김정희, 전윤숙, 박주연(2012). 유아과학교육. 경기도: 공동체.

이순형, 권혜진, 민하영, 권기남, 김혜라, 최나야, 김지현(2010). 영유아 수·과학지도. 서울: 교문사.

황의명, 조형숙(2001). 탐구능력 증진을 위한 유아 과학 교육. 서울: 정민사.

정연희(2017). 유아과학교육. 서울: 동문사.

한유미, 오연주 역(2003). 단계별 포트폴리오 활동의 이론과 실제. 서울: 다음세대.

한유미(2010). 유아과학교육. 서울: 창지사.

한유미(2016). (증보)유아과학교육. 서울: 창지사.

## 저자 소개


### 박정민

약력

- 이화여자대학교 교육학과 유아교육전공 학사
- 이화여자대학교 대학원 유아교육학과 석사
- 서울여자대학교 대학원 아동학과 유아교육학전공 박사 수료
- 현) 경복대학교 영유아보육과 교수

저서 『영유아 교수학습방법』(2014, 공저). 서울: 파란마음.
『영유아 신체활동 지도』(2017, 공저). 서울: 창지사.
『아동수학교육』(2016, 공저). 서울: 창지사.
『영유아 교재교구의 제작과 활용』(2015, 공저). 서울: 파란마음.



아동과학지도

초 판 1쇄 인쇄 2018년 10월 26일
초 판 1쇄 발행 2018년 10월 31일

지 은 이 | 박정민
펴 낸 이 | 김기섭
편 집 인 | 이윤희
펴 낸 곳 | 창지사 www.changjisa.com
08589 서울시 금천구 가산디지털 1로 83 파트너스타워 1차 9층
전화 (02)719-2211~3
팩스 (02)701-9386
등 록 | 1977년 4월 28일 · 제1-421호





ISBN 978-89-426-1175-1 (93370)

값 20,000원

이 도서의 국립중앙도서관 출판예정도서목록(CIP)은 서지정보유통지원시스템 홈페이지(http://seoji.nl.go.kr)와 국가자료공동목록시스템(http://www.nl.go.kr/kolisnet)에서 이용하실 수 있습니다.(CIP제어번호: CIP2018034943)